劉燁，劉惠丞 編著

正話反說！

PSYCHOLOGY OF ELOQUENCE

「口才心理學」讓每一句都精準打擊

克服恐懼 × 花式吐槽 × 誘導說服 × 培養幽默感，
用最輕鬆的語言化解每個尷尬的瞬間

▶ 自信開口無壓力，溝通技巧人人會
▶ 幽默破解冷場局，言談之間笑點足
▶ 說話贏得好人緣，口才讓你更出眾

結合心理學量身打造一套完整的「辯才」方案，
讓你輕鬆成為交際中的焦點人物！

目錄

第一步　口才心理大檢修

Day1　自我診斷：你的問題在哪裡？⋯⋯⋯⋯006

Day2　擊退自卑小怪獸⋯⋯⋯⋯⋯⋯⋯⋯⋯024

Day3　讓自信爆棚的祕技⋯⋯⋯⋯⋯⋯⋯⋯⋯042

第二步　口才實況大作戰

Day4　和陌生人相處不再「尬聊」⋯⋯⋯⋯⋯056

Day5　讚美他人：三言兩語心花怒放⋯⋯⋯⋯071

Day6　批評不翻車：優雅吐槽指南⋯⋯⋯⋯⋯097

Day7　說服力：讓人心甘情願買單⋯⋯⋯⋯⋯120

Day8　化解尷尬：讓話題自然升溫⋯⋯⋯⋯⋯160

Day9　大聲說「不」的藝術⋯⋯⋯⋯⋯⋯⋯⋯189

Day10　幽默，一笑解千愁⋯⋯⋯⋯⋯⋯⋯⋯241

目錄

第一步
口才心理大檢修

Day1　自我診斷：你的問題在哪裡？

Day1　自我診斷：你的問題在哪裡？

1. 你患有口語傳播障礙嗎

　　有一香港人因職務關係，經常必須以國語、英語發言演講。他的講詞，大部分鏗鏘有力，震撼人心，使人肅人起敬，但有時因鄉音太重的關係，也不易分辨。

　　在人與人之間的口語傳播過程中，鄉音太重、口齒不清、語意不明、認知差異或文化不同等等因素，都會產生「傳播障礙」，甚至造成誤解、衝突或笑話。一個年輕人很喜歡音樂與戲劇表演，有一天，他急著趕到「國家劇院」看話劇演出，就攔了一輛計程車趕路，司機問他，要去哪裡？年輕人說：「去國家妓院，快一點，快來不及了！」司機看他那麼急著趕到國家妓院，就興致勃勃的問他：「妓院也有國家的哦？是不是公立的比較便宜？在哪裡？我也要去！」

　　也有一新婚的「胡小姐」去辦理戶口手續，承辦先生辦好之後，將紙本交給她，而為了避免誤拿，所以順便問一下：「小姐，妳姓胡嗎？」胡小姐很嬌羞地說：「不好意思說啦！」承辦人員問：「怎麼會呢？小姐，妳是不是姓胡？」那小姐只好紅著臉說：「很美滿啦！」

　　原來承辦先生將「姓胡」說成「幸福」了，以致「胡小姐」錯會其意。

第一步　口才心理大檢修

> **魅力表達：**
>
> 屁股對屁股，劇院變妓院，真是天大的笑話，可就是有人如此說，這難道不足以引起大家的注意嗎？

2. 舌頭傷人沒商量

惡言相向的「口角與怒罵」是任何人都會的遊戲，但卻也是一種雙方都無法獲勝的競賽。

一位新婚不久的太太嬌滴滴的向先生問道：「老公啊，你是不是和我的感覺一樣，覺得我們真是『相見恨晚』呢？」

「是啊，我的確感到我們真是『相見恨晚』，恨當初我們初次相見時，為什麼是在那麼黑暗的夜裡，所以沒有把妳看清楚！」老公說。

其實，這對夫妻對彼此的感情「雖不滿意，但還能接受」，至少太太還會嬌滴滴，先生也有點幽默感，不像我的王姓朋友，結婚不到一年就離婚了。為什麼？還不是逞口舌之快，所以生活中就充滿「惡言相向」的戰爭。

王先生做小生意，賺錢不多，卻喜歡買貴重的衣物、家具，王太太就常說：「你以為你是王永慶啊，也不看看自己一

Day1　自我診斷：你的問題在哪裡？

個月賺多少，有什麼資格買這麼貴的東西？」

「是啊，我是不會賺錢，但還是養得起妳這個吃閒飯的！」王先生也不甘示弱。

夫妻偶爾出門逛街，王太太看上一件新款的套裝時，先生當著女店員的面說：「這種衣服要身材高一點的人穿才好看，妳又矮又胖，穿起來像穿布袋一樣！」呵，王太太一聽，氣得轉身就自己坐車回家。

最叫王太太憤怒的一次是在百貨公司要買化妝品時，自己的老公竟在其他顧客面前對她說：「妳長這樣子，用再好的化妝品也沒用！」王太太忍著心中的「恥辱」與「悲憤」，回到家終於爆發了！

「我命賤，我命苦，婚前一大堆男人追我，我瞎了眼才會嫁給你，哇……」王太太氣得哭起來。

「我才倒楣呢，娶個不會下蛋的老母雞，每天沒工作在家閒著，只會吃閒飯！」

「不會生？搞不好是你自己有問題也不一定！」王太太越說越氣，「對啦，我是不生啦，不然萬一生個小孩長得像你這副『豬哥』的德性，我不嘔死才怪？」

突然之間，王先生孔武有力的巴掌像一陣旋風一樣摑了過去，把太太一巴掌打倒在沙發上，並盛怒地說：「婚前看妳

第一步　口才心理大檢修

伶牙俐齒,沒想到婚後妳說話竟然是這麼尖酸刻薄,我看妳是不想活了!」海軍陸戰隊出身的王先生又順腳踢她兩下,未料王太太也抓住他的小腿,狠狠地咬他一口。

不久,兩人協議離婚。王太太感嘆說:「原來以為他結實的臂膀,厚厚的胸膛,是我終身的依靠,沒想到兩人氣起來口不擇言,他就拳打腳踢,一手抓,一手揍,打起來好痛哦!嫁人最好不要嫁給太壯的男人!」

王先生也回憶道:「唉,娶妻娶德,婚前要擦亮眼,聰明些,不要娶個說話尖酸刻薄,時時帶刺來戳你的女人,否則你就倒一輩子楣!」

孫子說:「贈人以言,重如珠玉;傷人以言,甚於劍戟。」西方亦有諺語:「舌者,殺人之利器也。」

魅力表達:

許多人都很會「爭辯」,甚至在言語中用狠毒的話把對方刺得「遍體鱗傷」;然而,惡言相向的「口角與怒罵」是任何人都會的遊戲,卻也是一種雙方都「無法獲勝」的競賽,若有人能把對方說得「啞口無言」,也只是一場「假勝利」,因為你無法贏得對方的好感,甚至將失去原有的情誼。

3. 重話萬萬說不得

您被恥笑過嗎？

您被辱罵過嗎？

您被全盤否定過嗎？

其實，每個人都期待從他人的語言中獲得肯定與讚美，增加「自我價值」與「自我尊嚴」。

小慧是一位相當優秀的女孩，漂亮大方又有人緣，結婚當天賀客滿堂，眾人認為新郎新娘兩人「郎才女貌」，真是天作之合，一定可以永浴愛河，白頭偕老，而小慧也非常高興，找到了如意郎君。

在婚禮進行時，小慧透過頭紗，偷偷地斜瞄了一下帥俊體貼的老公，不禁感到欣喜與滿足，心想不久就將展開人生的新旅程。

不料，婚後一個月，小慧開始覺得生活上不盡如意，也不若婚前想像那麼如公主般美好。她過去習慣在上廁所後，將衛生紙丟入馬桶旁的小垃圾桶，可是老公卻堅持可以丟進馬桶內沖掉。兩人竟會為了這個小問題爭得面紅耳赤，吵了一個半小時。最讓小慧生氣的是，每當兩人各持己見、互不相讓時，老公總是大男子主義地說：「說妳錯了，妳還不承認！」小慧一肚子氣，委屈地跑回娘家住了兩天。

第一步　口才心理大檢修

雖然小慧覺得老公很健談,有時說話也帶幽默,但是有時卻也令她感到很不是滋味。譬如:有一次,老公竟在朋友到家裡來聊天時竟說:「別的情侶、夫妻是彼此看對眼,我呀,是看走眼了!」小慧聽了,氣得白他一眼,一個人走進廚房生悶氣。

儘管事後老公解釋說,那些話只是在朋友面前「開開玩笑」而已,但小慧總是覺得很不舒服,為什麼每次都是以「否定別人」來開玩笑?而在家裡老是一副「只有他是對的」的樣子,動不動就說「妳看妳,這麼笨,連這麼簡單的事都不會」、「哎呀,妳們女人不會懂的啦!」

人呀,最怕莫名其妙地被人家「否定」。您看這句話——「說你錯了,你還不承認」,這不僅是「否定」,還是「雙重否定」呢!難怪聽者會怒氣沖天、恨意滿滿。不過這還算好,另外還有更令人無法忍受的「三重否定」——「說你錯了,你還不承認,你給我閉嘴!」如果再加上一句「你去死啦!」那就變成「四重否定」了;若有人再上一句:「你去死啦,死了也沒有人幫你哭!」您看,這不是又變成「五重否定」了嗎?

心理學大師馬斯洛認為,「生理」、「安全感」、「愛與歸屬」、「受人尊重」和「自我實現」是人的五種「基本需求」;每個人都需要從他人的語言認同、肯定、讚美中,來增加「自

Day1　自我診斷：你的問題在哪裡？

我價值」與「自我尊嚴」。如果常在言談中「否定對手」，則會令對方難堪、生氣，甚至產生言語和肢體上衝突。

其實，有些玩笑語的確是脫口而出，但是「說者無心，聽者有意」，玩笑式的「否定」說多了，也會教人聽了很不是滋味。尤其是「雙重否定」、「三重否定」，真是抹殺對方的基本自尊，引起他人不悅。

身為上班族的李先生，有一天和太太吵架後，一氣之下住到旅館去。後來沉思反省後覺得有些理虧，就打個電話給太太：

「老婆啊，今天晚上做什麼菜等我啊？」

「我啊，做毒藥等著你呢！」

「噢，這樣哦，那妳做一份自己吃就好了，我不回來了！」

可想而知，只會變得更糟。

魅力表達：

　　禍從口出，說的一點不假，就這些無心的話語往往會帶來一系列意想不到麻煩，那該怎麼辦呢？多積點口德吧！

第一步　口才心理大檢修

4. 讓別人有說話的機會

「話多不如話少，話少不如話好」，話多的人不一定有智慧，且往往可能是剛好相反。所以，在人際溝通中，若能適時「製造別人講話的機會」，則必定會更受歡迎。

懷著一顆興奮的心，小張與同事們一起組團到中國做業務考察。一路上，不管是搭飛機或小巴士，總是聽到其公司的王副經理不斷地大談闊論，吱吱喳喳地講個不停。許多團員私底下都相視而笑，無奈地搖頭說：「這次碰上王副經理，完了，真夠慘！」到了北京，拜會有關單位時，輪到王副經理做簡報，只見他站在大眾面前卻臉紅脖子粗，結結巴巴，講不出像樣的業務簡報。

小張也曾與一公關公司女性總經理洽談業務。這女總經理長得很漂亮，業務亦是做得響噹噹的，可是當她話匣子一打開，就滔滔不絕，如黃河決堤，一發不可收拾。小張雖亦是業務口才高手，但想插幾句話，卻始終苦無機會。這位女總經理興致高昂地敘述她公關事業是如何蓬勃，小張則兩手在餐桌上玩弄著吸管，心中覺得十分無趣。三十分鐘後，小張終於鼓起勇氣以這女總經理說：「對不起，待會我還有事，我先走了！」

中國自古以來就有強調少說話的名言，如「吉人之辭

寡，躁人之辭多」、「言多必失」、「喪家亡身，言語占八分」、「危莫危於多言」等等，但是許多人仍然有「話多」的毛病；出國旅行、婚喪喜慶、辦公室內……都有「話多之士」，喧囂吵雜，令人厭惡。

語言學家萊考夫曾指出簡單的三原則，使人們的說話更「文雅」──「不要咄咄逼人」、「讓別人也有說話機會」、「讓人覺得友善」。

話多的人，常求發言而後快，不考慮聽者的感受，也不讓他人有講話的機會，所以容易「招怨」。

其實，話講得最多者，多半是講自己的私事，或東家長西家短，易滋生事端；甚至不少人因話講得太多，長了「聲帶結節」，還到處求醫呢！

魅力表達：

話多的人不一定智慧多，而事實上往往可能相反，所以俗語說：「話多不如話少，話少不如話好。」在人際溝通中，讓別人也有講話的機會，雖然說來容易，但人們卻常常只顧自己而疏忽他人，在古人「思然後言，人不厭其言」的名訓之外，若能適時「製造別人講話的機會」，則一定更受歡迎。

5. 好心不得好報

人與人交往或溝通時，常不自覺地存著「交換理論」與「互惠規範」的溝通心理。但因對方的「回饋」態度如何難以預期，所以往往造成所謂的「熱臉貼在冷屁股」與「好心給雷親」（臺語）等窘況。

「交換理論」強調，人們常根據其經驗或期望訂一個標準，假如個人付出後的「回饋」合乎或超過他原先的「預期」，則他會覺得有價值而繼續付出；相反的，若回饋不能達到預期目標，甚至成為傷害他的處罰，則預期與回饋之間的「落差」太大，就會覺得付出很不值得，有些人甚至會表現出「暴怒」或「攻擊」的行為。

基本上，人與人交往或溝通時，心裡常不知不覺地存著「互惠規範」，期盼獲得「公平」且「禮尚往來」的回應，否則就可能發生言語上的衝突。我曾在公車上看到一幕：一位老先生辛苦地擠到車子座位最後面，幫老太太找到了一個空位，並興奮地叫老太太過來坐，沒想到老太太冷冷地回他一句：「那排椅子硬梆梆，又那麼顛簸，叫我怎麼坐？」於是老先生不再跟她講話，氣氛就此僵住了。這真是所謂的「熱臉貼在冷屁股吧」。

談到「交換」與「互惠」的溝通心理，就讓王先生想起過去悲慘的送花經驗。第一次，送花給一個女孩，她說：「我

們家又沒花瓶,我也不會插!」第二次送一束含苞玫瑰給另一位女孩,她皺眉說:「這些花怎麼都這麼小?」又有一天晚上,他捧一束花到醫院探望一個漂亮的女孩(他把她當成女朋友),可是她一看到花就說:「我們生物老師說,植物在晚上會吐二氧化碳,對病人不好!」王先生聽了很是生氣,什麼「植物在晚上會吐二氧化碳,對病人不好」,人家看病不都是送花?於是十分鐘後他攜花告辭,在醫院門口,很生氣地將這束花與傷心,一起丟入垃圾桶。

> **魅力表達:**
>
> 熱臉和冷屁股,多麼有意思的字眼,要是貼在一起的話,可就不那麼有意思了。

6. 別讓負面印象嚇跑對方

在面對自己喜歡或重要的人物時,我們會藉助穿著、打扮、說話語調、態度……做「印象整飾」,以獲得別人的好評與肯定。但若不喜歡對方,也可能以「負面印象整飾」策略,來嚇退對方。

「印象整飾」理論的要義是強調「適時、適度的表現適當的我」,其方式可以是「語言」和「非語言」的。不過,由於人

第一步　口才心理大檢修

的性格不同,「印象整飾」技巧好的人會善於「控制」自己的情緒和言行舉止,以獲得別人的好評與肯定。換言之,人們常利用「印象整飾」,來建立彼此的認同與情誼。

事實上,「印象整飾」並非只有一套或一成不變,而是隨著對他人的「好惡」而調整。譬如:一位女孩相親前打扮得漂漂亮亮,並努力「克制」自己成為「嬌羞可愛」的樣子;但當她見到男生時,發現他不是心目中的白馬王子,就以另外一種猛吃、不說話的「負面印象整飾」策略,來嚇退對方,使男生嚇得打退堂鼓。

劉先生第一次相親前告訴小李,如果我不滿意女方,會藉故在用餐時出來打電話,請小李再用「手機」回撥,讓他有藉口說他有急事,必須提早離開。見面相親時,他興奮滿意地用餐,沒想到那小姐的「手機」響了,只聽她說:「什麼?真的啊?好,我馬上過來!」

於是,她說,她有很緊急的事要先走。餐桌前,只有他不知該如何形容的驚愕與茫然!

魅力表達:

人們卻相信,第一印象相當重要,千萬別在初次見面時,讓負面印象嚇跑對方,這樣的話,你就永遠沒機會了。

7. 恥笑譏諷來不得

你相信嗎？一家三口滅門血案，竟是因為凶手受不了被他人恥笑、譏諷，而大開殺戒。古人說：「喪家亡身，言語占八分。」是有其道理。

1993 年，臺北縣土城市（今新北市土城區）發生蕭崇烈一家三口滅門血案，在警方鍥而不捨的查緝後，已宣告偵破。凶嫌鄧笑文被捕後，坦承因受經營堆高機生意的蕭崇烈「譏諷」而萌生殺機，並在行凶後擔心事情敗露，而再殺其妻女滅口。

鄧笑文表示：兩個月前，死者蕭崇烈用話刺激他、恥笑他，並用手指指他胸前，笑他「沒什麼用」，開堆高機那麼久了，仍然是「給人請（聘僱）」，不像他自己開堆高機沒多久就當了老闆。對這樣的「譏諷」，鄧笑文即懷恨在心，後來蕭某只要與他碰面，就不斷嘲笑他，以致使他萌生殺人洩恨之心。

據警方表示，凶嫌鄧笑文心智健全，但因受到對方不斷的譏諷和嘲笑而殺人，這成為歷年來滅門血案的特殊案例，頗值得社會大眾警惕。

古人早有明訓：「言語傷人，勝於刀槍。」許多人常以「嘲弄」他人為樂，有部分綜藝節目的主持人，戲稱未能在比賽中過關的來賓「笨」，或嘲笑比賽者的長相「醜」。有些雖然是屬玩笑性質，但總讓人覺得不妥，畢竟「尖酸刻薄」、「有失厚道」的言事批評，會使聽者產生不悅；嚴重的，正如滅門

第一步　口才心理大檢修

血案的被害人一般，遭到殺身之禍，後悔莫及，真是教人不得不謹慎。

其實，言辭起衝突而萌生殺機的情況常有所聞，法國巴黎有一名「美食專欄作家」，經常在文章中特別讚譽某家餐廳，或嚴辭批評某些餐廳的菜餚。有一次，此專欄作家在專欄中對一家餐廳的菜色評論「像豬食」，以致激怒了餐廳老闆。該老闆事後特別再請此美食專欄作家去試吃「精緻美味的佳餚」，不料美食專家吃完後臉色大變，暈倒在地，送到醫院時氣絕死去。餐廳老闆被警方逮捕收押後，坦承「設毒宴」下毒，他說：「批評我們的美食像豬食的人都該死！」

這真是教人瞠目結舌，「專欄作家」們下筆時可得小心點，就像你說話一樣，若言詞過於尖酸刻薄，批評太過分，可能也會「惹禍上身」。

事實上，不管是男人或女人都一樣，只要被一些不中聽的話激怒，都可能會因情緒狀態失控，而口出狂言，大打出手，最後鼻青臉腫。某鎮有兩家相鄰的家具行，因同行競爭而相忌，又因轎車被刮痕而引起言語衝突，於是兩家除了動口怒罵、動手狠捶互毆外，又用嘴巴「互咬」。結果，四十一歲的林先生鼻子被咬落於地，他忍著疼痛撿起半截鼻子，趕至醫院求救縫合，另一方是五十三歲的許先生，也在「口齒互咬大戰」中，下巴被咬下一塊肉，鮮血濺滿臉孔和家具，也痛苦萬分地趕赴醫院縫了十多針。

> **魅力表達：**
>
> 因說話而遭到殺身之禍、或打得鼻青臉腫、咬掉下巴的實例，似乎教人覺得不可思議，或有些好笑，不過，也讓人再次想起「言多必失」、「禍從口出」的萬世警訓。

8. 言多必失

有些人喜歡多管閒事，對於與自己無關的事，仍愛追問到底；有時可能是基於善意的關懷，有時卻也是滿足自己的好奇心。其實，適度地關心，會令人覺得舒心，但若整天喋喋不休、蜚短流長，則令人厭煩。

人到了一定年齡而不結婚，似乎變成「眾矢之的」，經常有人「關心」，甚至「嚴重關切」：遇到認識的人時，總會被問道：「怎麼還不結婚？」「什麼時候請喝喜酒啊？」被問多了、問煩惱了，大學教授曹先生的答案一律是──「過幾年吧！我大概就會結婚。」

沒結婚，實在是個人的問題，但是很多人卻表現出「極度關心」的態度；其實他們自己的婚姻也不見得好到哪裡去。有些人還偷偷的打聽：「他長得也不錯，怎麼還不結婚？是不是有什麼問題，有什麼毛病？」害得曹先生父母真的問他，

第一步　口才心理大檢修

你是不是「生理」有什麼毛病？

最近問他「怎麼還不結婚的人」越來越多，他煩惱了，只好回答他們：「因為我的屁股上長一個胎記！」

「你的屁股上長一個胎記？那跟你不結婚有什麼關係？」

他說：「是啊，那我不結婚跟你有什麼關係？」

唉，怎麼會有那麼多人愛管閒事，管人家愛不愛結婚？

當然，系上的學生對主任還沒結婚，也頗為關心，雖然他們不敢直接問他「怎麼還不結婚」，但是也以其他方式來表達「關懷之意」。有一天，系上布告欄上出現一份大海報，上面寫著「誠徵師母一名」斗大字體，另外還有「師母」的待遇與條件：

「一，月收入數十萬；二，工作輕鬆；三，免經驗；四，男女不拘！」

呵，「免經驗」當然好啦，但竟強調「男女不拘」，難怪沒有人來「應徵」。

學生的調皮「創意」，令人覺得十分可愛、好玩又有趣，本來「口語傳播系」的學生就應該活潑、敢表達；但是假如有人經常嘮叨地問：「怎麼還不結婚」，就教人生厭。古人云：「多言取厭、虛言取薄、輕言取侮」，尤其是有關別人「結不結婚」的私事時，過分的關心、多言，總不是令人愉悅的事。

Day1　自我診斷：你的問題在哪裡？

所以西方人說：「與人交談，猶如彈琴弦一般，當別人感到乏味時，便要把弦按住，使它停止振動、發聲。」

魅力表達：

人們似乎常常「有嘴說別人，沒嘴說自己」，以致陷入口舌是非裡。有人說：「越少思想的人，說話越多。」好像有其道理。

Day2　擊退自卑小怪獸

1. 膽怯心理人人皆有

善於言辭，無疑對每個人的事業和生活都裨益無窮；能言善辯、口若懸河的演說家，更是令人稱羨，使人崇拜。但是，在我們的生活中畢竟不是每個人都擁有高超的語言技巧，我們周圍也確實不乏不善說話、沉默寡言之人。

一些人天生性格內向、孤僻，存在著對說話的膽怯心理。

「我總是不敢在人面前講話、發言，那會使我心跳加快，腦中一片空白……」有人坦然地承認自己說話的膽怯，而且對此頗為苦惱。

往往每一個說話膽怯的人都以為怯場的只是自己，以為別人並不怯場，總是在想：「為什麼只有自己這樣呢？」其實，那並非某個人所特有的現象，只不過別人對於怯場狀態不太注意而已。

心理學家們透過研究發現，大凡是人，都或多或少在說話方面有著不健康的心理，而緊張和恐懼便是這些不健康心理的突出表現形式，是影響人們進行正常說話和語言交流的明顯障礙。

每當我們打開電視機時，往往會被一些瀟灑大方、表達自如的節目主持人所折服；每當我們打開收音機時，也往往會被一些口若懸河、音色優美的播音員所傾倒。其實，他們

第一步　口才心理大檢修

也並非如我們所想像的那樣說話時無憂無慮，應付自如。他們也一樣常常怯場。據聞，日本某演員臨近自己拍片的時候就想上廁所，甚至一去就是五分鐘。美國某播音員，起初每次臨播音，都要先到浴室去洗一次澡，若不這樣，播音時就不能鎮定自若。如果碰到外出進行現場直播，他便不得不提前到達目的地，並在直播現場尋找浴室。

既然人人都有可能出現說話膽怯的情況，那麼，怯場則是一件非常正常的事。怯場時，明顯症狀是臉紅、心撲通撲通地跳、語無倫次、詞不達意等等。如果此刻說話者想到：「怯場啦！怎麼辦呀！」他就會因慌張而說不出話來。但是，如果他當時想到的是：「換了任何一個人遇此情景，都會怯場。」他會隨之而鎮靜下來，很快恢復正常。所以，正確地對待怯場非常重要。

美國某年輕議員在向一位年老而富有經驗的議員請教時說：「我在演說之前，心裡老是撲通撲通跳，這是否正常？」年老的議員則回答道：「那是因為你對於你要說的話進行著認真的考慮，這是必然的。即使你到了我這個年齡，也難免會出現如此情況。」

臺灣某名歌星這樣說過：「每當面對觀眾，如果我不怯場，那時我做歌手的生命也就停止了。」

此話表明了這位歌星對於每一次演唱都是全力以赴，認

真對待。如果他馬馬虎虎地行事,覺得敷衍唱完就行了,那他就可能不會怯場。

由此可見,說話膽怯是一種非常正常而又極其普遍的情況,它有可能發生在每一個人的任何一次與他人的交談中,而絕非個別人的語言方面的缺陷。那些常因自己說話膽怯而煩惱的人,大可不必為此擔心,而應該振作精神,努力克服這種困難。

魅力表達:

怯場並不可怕,可怕的是怕怯場,不要以為別人比你強多少,臉皮還是厚的好。

2.「演說名人」也有膽怯的時候

曾在日本演說藝術界居於首位的德川夢聲先生,可以稱得上是一大鐵嘴,被譽為「演說名人」。

以下有一段話,是他根據自己多年的臨場經驗,所發表的關於演講的看法。讀完他的這段話,大家也許會更明白為什麼人人都會有說話時的緊張、恐懼心理。

德川夢聲先生說:

第一步　口才心理大檢修

「上臺發表演說之前，無論任何人，都會感到緊張，都無法鎮靜下來。你也許會問：『唉！像你這樣身經百戰，見過了大大小小各種場面的職業演說家，還會緊張嗎？』

像這種問題，我不知被問過多少次了，但是，我可以告訴你們，無論是怎樣熟練的老手，也無法完全不緊張，因為，不管演講或座談，總是得開口，這就必須認真地去做才行。

當然，如果是對我所熟悉的一群聽眾，說些很平常的內容，有時也會毫無感覺的。就好像老師對他班上的學生講課一樣，沒什麼好緊張的。

但如果是在陌生的場所，又不知道聽眾的身分的時候，就算是一流的名演說家，也會感到緊張的。」

德川夢聲先生表示：

「演講雖說是我的職業，但是我卻不喜歡在眾人面前高談闊論，總希望能盡量躲掉。我所喜歡的是和談得來的朋友閒話聊天，因為我並非討厭說話這件事，而是討厭正正經經地說話。

剛剛提到的，在上臺演講前的不安心情，我很不喜歡；而在演講中途的緊張情緒，也不是一種好的感覺，下了臺之後，那種揮之不去的餘悸，更令我受不了。

比方說，準備了幾個固定的笑話或小故事，只在上臺時

Day2　擊退自卑小怪獸

把它們搬出來說一說，說完後也不會有什麼餘悸。因為可以預料不會發生什麼嚴重的錯誤，所以並沒有什麼煩悶的心情。但是，以我個人來說，常有機會在陌生場合作一次演講，那麼，失敗的比例也就會比較高了。

所以，老實說，在我要上臺演講前，大多無法作好完整的事前準備，在這種情況下，要想說得非常完美無缺，那除非是神了。」

德川先生最後認為：

「造成演講的失敗，有兩種可能：

第一，說話方式和技巧的疏忽。

第二，個人的修養還不夠好。有時會留給聽眾一個無禮的壞印象，有時甚至被別人輕視，那就真的失敗了。

這兩種情形都會帶來不好的餘味，但從我來看，後者應該更為深刻，更會讓自己感到難過。然而，有什麼方法能夠讓自己不因失敗而痛苦呢？答案是：根本沒有。

因為，既然以演說為職業，那麼失敗後的傷感就是必須付出的稅，如果演講者想要以巧妙的方式逃稅的話，真是太天真了。

在社會上，有些職業演說家，始終能夠保持很好的心情，對他們而言，餘味幾乎是百分之百的好，所以他們是不用納稅的。也因為完全不知道自己的失敗，他們當然活得非

029

常快樂。不過這種人卻永遠不可能有某種進步。」

這一番話告訴我們：人人都有緊張、恐懼的說話心理，職業演說名家也不例外；人人都會在說話時出現失敗，因為我們是人而不是神。同時，他又告誡我們：不管經過多少次的失敗，都沒有關係，都不要緊張，要緊的是應繼續勇敢地去重新開始。只有這樣，才能一點一滴地進步，達到上乘的境界。

魅力表達：

總之，一個人有緊張、恐懼說話的不健康心理，並不奇怪，也並不可怕，我們應該正確對待這種情況的出現，另外，我們應該花更大的精力和較大的功夫分析它，找到科學的解決辦法。

3. 恐懼心理並非偶然

雖然人人都可能會有說話膽怯的心理，但造成這種心理的原因卻又可能是千差萬別的。比如：有的人可以跟親朋好友聊上一兩個小時；有的人打起電話來一聊就是老半天，主題源源不斷，越說越起勁；有些人經常能說出一些讓人大笑或使人感興趣的事，可謂是相當會說話，但是，真正到了正

Day2 擊退自卑小怪獸

式場合,面對一大群人或是廣播用的麥克風,他們就不知所措了。這是為什麼呢?

有的學者透過長期觀察發現,造成這種緊張、恐懼心理的原因主要有兩種:

第一,不想獻醜。這些人的想法是,只要我不在他人面前暴露自己,別人也就不會知道我的缺點。但是一旦在眾人面前說話,自己的粗淺根底,拙劣看法都會暴露出來了,那麼從此以後,哪有自己的立足之地?所以,不說話更穩妥。

其實,只要你認真地發揮全力,誠誠懇懇地把話說出來,不必踮高足尖來充內行,相信必會有不錯的表現。

第二,不知道該如何組織說話的內容,就像被硬拉到陌生的世界一樣,所以會感到驚惶。

其實,只要我們看清造成自己緊張、恐懼心理的原因,科學地分析它,就會意外地發現根本沒有什麼好怕的。

有的人怕自己才疏學淺被別人知道,於是就裝出一副什麼都懂的樣子,結果弄巧成拙,被人貽笑,實在可憐可鄙,而且根本沒有必要。

試想,一個不善言辭的人和一個一流的演說家,同樣在人前發表意見時,誰的壓力比較大呢?

對於一個不善言辭的人,社會上的人或聽眾並不會對他

第一步　口才心理大檢修

有多大的期待,想想這點,就不應該緊張了,就可以安心了。然而,對於知識淵博、談吐自如的演說家,大家卻都寄厚望於他,會對他的演說作錄音、記筆記,這樣高度的關心和注意,理所當然會造成臺上的人心中無比的壓力。因此,那些被視為大人物者,在上臺演講或致詞前,自己的心經常是非常緊張的,只不過別人很難看得出而已。

如果一位知名人物,在承受巨大的壓力下,卻一點也不緊張的話,那只能說他對這種壓力毫不在乎,但是就一位說話技巧不夠嫻熟的人來說,恐怕還很難達到這種心境。他很可能在上臺之前想著:我一定要成功,不能出醜,不能失敗;有時候甚至祈禱:願上帝保佑我的說話成功。然而,一流的演說家在上臺前,唯一想的是:一定得上臺,如果演講中出了什麼差錯,應該像以前那樣輕鬆自如、不知不覺地盡力挽救,切不可因出錯而不知所措、慌了手腳。

魅力表達:

　　早知道恐懼的原因這麼簡單,當初狂亂的心算是白跳了!

4. 失敗挫折乃成功溝通之母

某著名大學曾有這樣一名學生，每遇聯歡活動輪到他站起來發言時，他總是面紅耳赤，一句話也講不出來，顯得尷尬不堪。教師和同學問他原因，他說：「以前上中學時，我參加了一次演講比賽，不想中間忘了詞，招致了大失敗。後來一站在眾人前，我就想到那件事，也就說不出話來了。」

有許多陷於怯場而說不出話的人，就像這位大學生一樣，每想起自己失敗的慘狀，要講話的意志就消失了。他們往往害怕重蹈覆轍，不斷地為往事所束縛，認為過去失敗了，這次也一定失敗，抱著自己過去失敗的慘痛經歷和灰暗的印象不放，逐漸對說話失去了勇氣和信心。

失敗為成功之母。說話的成敗又何嘗不是如此呢？古今中外的許多著名人物都曾在說話方面有過失敗。

英國現代傑出的戲劇家蕭伯納以幽默的演講才能著稱於世。可是他二十歲初到倫敦時，卻羞於見人，膽子很小。若有人請他去作客，他總是先在人家門前忐忑不安地徘徊多時，而不敢直接去按門鈴。有一次，一位朋友邀請他參加學者的辯論會。在會上他懷著一顆非常緊張的心站起來，做了有生以來的第一次演講。當他講完時，受到了別人的譏笑。於是他便覺得自己充當了一個十足的傻瓜，蒙受了莫大的恥辱。此後，他每星期都當眾演講。人們在市場、學校、公

第一步　口才心理大檢修

園、碼頭……在擠滿成千上萬聽眾的大廳或只有寥寥幾人的地下室,都經常看到他慷慨陳詞的身影。最後,他終於成了一名傑出的世界級演說大師。

還有許多人深信自己的第一次演講緊張的心情比蕭伯納有過之而無不及,甚至更糟。英迪拉‧甘地夫人初次登臺時,嚇得連一點聲音也發不出來,講了點什麼自己也不清楚,只聽一個聽眾在說:「她不是在講話,而是在尖叫。」她在一場哄堂大笑中結束了講話。國際工人運動傑出的女活動家蔡特金第一次演講時,雖然早就做過細緻準備,可是一上臺──「要講的話一下子從腦子裡全溜掉了,大腦出現了空白」。美國前總統福特初入政壇時,講話結結巴巴,人們聽起來很不舒服,有人戲稱他為「啞巴運動員」。英國政治家喬治‧坎寧,第一次試著做公開演說時,舌頭抵著上顎,竟不能說出一個字。美國著名作家馬克‧吐溫談起他首次在公開場所演說時,也說那時彷彿嘴裡塞滿了棉花,脈搏快得像賽跑的運動員。更有甚者,英國歷史上有位叫迪斯雷利的首相曾說,他寧願領一隊騎兵去衝鋒陷陣,也不願在議院做一次演講。

上面列舉大量的事實,不外乎是想說明一個問題:成功者也曾經失敗過。但是,如果一個人總是向後看,只是看到失敗,那就只會畏縮不前。無論對誰來說,目標向前,塑造自己光彩、良好的形象,都十分重要。說話失敗過的人,只

Day2　擊退自卑小怪獸

要擺脫過去失敗的陰影，渺視過去的自己，才能戰勝失敗，成為能言善辯之人。

那麼，怎樣才能忘卻痛苦，擺脫失敗之陰影呢？不防試試如下方法：

其一，把聽眾當作朋友或客人。不論是誰，與親密的朋友說話都不會怯場；初次見面，一想不了解這個人，就會拘束。所以，說話者應視每一位陌生人為舊友故知。日本有位當配角的滑稽演員，為了防止怯場，常在手心寫一個「客」字，意為裝作把觀眾不放在眼裡，也就是說「不要把眾人當回事就不怯場了」。另一位日本歌手則反其道而行之，他一怯場，就自言自語地念叨：「我是客人所喜歡的！客人都很喜歡我！」這樣一想，抗衡感就消失了，取而代之的是鎮靜自若。

其二，腦子裡要經常清楚浮現成功的情景。有的人一想起過去自己失敗的情景，腦子裡便閃現出「這下又要失敗啦」、「腳發抖起來了」、「話音異常啦」等等資訊，並導致說不出話來。所以，說話者最好多想像一下自己與初次見面的人侃侃而談，在公眾面前指點江山的瀟灑英姿。如果覺得自己有過成功的經歷，胸中就會鼓起「定能獲得成功」的信心和勝利的希望，並產生說話的動力。

如果說話之前想像到聽眾對自己熱烈喝采的情景，則會倍增自己說話的勇氣。

第一步　口才心理大檢修

> **魅力表達：**
>
> 　　把向後看變成向前看，把回憶尷尬變成想像榮耀，從失敗心情轉為成功心理，則無疑對說話的成功裨益無窮。

5. 用高昂的情緒沖淡緊張

　　在美國，有人曾以「你最怕什麼」為題詢問了三百個人，調查人們究竟怕什麼，結論的第一點就是：「人最怕的是在眾人面前講話。」事實也證明，在公眾場所發言，上臺演講或上電視節目前，很多人都會感到胸中有一股壓力，呼吸急促，臉部僵硬，十分緊張。

　　要消除這種緊張、恐懼心理的方法，辦法是多種多樣的。這裡介紹一種透過巧妙地提高自己的情緒來沖淡緊張、恐懼心理的有效辦法。

　　某位電視節目主持人對這種方法頗有體會。例如：這位節目主持人曾經主持過一個「民歌大家唱」的節目，節目中經常邀請各地的人來到直播室，輪流唱三首鄉土歌謠。大家在排練時都非常賣力，並不緊張，但等到排練結束，休息一個小時後，幕布垂下來了，參觀的賓客漸漸增多，表演的人就開始緊張了。

Day2　擊退自卑小怪獸

　　透過幕布，可以聽到觀眾的吵鬧聲。等到開幕前的五分鐘鈴聲響起，第一批上場的人就依規定集合在舞臺左右兩邊。此時，一定有幾個要表演的人，以顫抖的聲音對節目主持人說：「我好緊張啊！真羨慕你，一點都不怕。」每當遇到這種情況，節目主持人總會回答他說：「如果有人不會緊張，那他該去看醫生了，因為他的神經可能有些問題。雖然我看起來很鎮靜，但實際上我也相當緊張呢！你們看，我的腿不是正在發抖嗎？」

　　「真的呀！跟我們一樣嘛！」就在一陣笑聲中，稍微沖淡了大家的緊張情緒。

　　可以斷言，所有的演員、歌星、演說家，在即將上臺或在錄音之前，都會感到緊張。這並非主觀臆斷，其實好多名人都自己承認這種說法。

　　「如果不緊張，就不是歌星了。因為每次上臺前都必須認真地準備，說不緊張，準是騙人的。」香港有位現代流行歌曲紅星如此坦然道地出了她的心聲。

　　「我總是很緊張，臺下的觀眾也跟我一樣，這種關係一直持續下去，才能達到表演的最佳狀態。」一位既講相聲又演小品的大牌演員也這樣承認。

　　「我好緊張啊！」許多廣播或電視節目主持人，在節目開始前都不免去這樣訴說。

第一步　口才心理大檢修

不難看出,以上這些人都有一個共同之點,那就是:即使心中很緊張,也絕不掩飾,反而把心中的壓力狀態開朗地暴露出來,這麼一做,倒可以把緊張的心情一點點地排除。

另外,還有一個很好的提高自己情緒的方法,即如果我們遇到緊張心情出現,可以試著這樣來自我安慰:「唉!剛好又開始緊張了。如果個人對於在眾人面前亮相已經完全習以為常,沒什麼感覺與反應,那就完了。幸好,今天還是會緊張,心跳不停,真是好極了。」

魅力表達:

這樣不就巧妙地緩和了自己緊張的情緒了嗎?只要那種緊張情緒一沖淡,就可又大膽開口說話了。

6. 輕鬆上陣

和朋友家人在一起聊天時,話題總是源源不絕。但是,為什麼一到了正式場合,就變得頭腦空白,說不出話來呢?究其因,聊天和在眾人面前發表正式的談話有許多不同之處,各有其自身的特點。

國外有位學者專門研究了聊天和在正式場合談話的各自

的特徵。下面，我們藉助他的研究，認真分析和比較兩者的不同之處，也許對幫助說話膽怯者消除緊張、恐懼心理會有一定的作用。

和朋友聊天的特徵大致如下：

1. 聊的主題未必連貫。
2. 話題要從哪裡開始，到何處結束，都是隨意的，沒有人會強求。
3. 大家可以各說自己喜歡談的事，也可以各說自己所熟知的事。
4. 不必注意自己的用語是否妥當。
5. 可以用日常生活的語言來交談，就算毫無條理，談話也可以繼續下去。
6. 可以經過一段時間後，再提起同一個話題。
7. 在同事或風俗習慣相同的人之間，可以用一些符號或代替語言，彼此的意思仍然能夠溝通。
8. 即使中間有一段長時間的沉默，也沒有人會感到不安。
9. 就算你說了一些聽起來粗暴，小心眼的話，大家也可以放開心胸來溝通，了解你真正的意思為何，不至於產生誤會。
10. 聊天過後，沒有人會特別追究或記下你的話（當然，特殊情況又另當別論）。

第一步　口才心理大檢修

因此，日常生活的閒聊，讓人感到輕鬆，沒有約束，不需要擔心，沒有一個人會在聊天的時候，覺得緊張或壓抑。

在正式場合談話的特徵大致如下：

1. 先得注意討論的事情為何。
2. 要依照某些規定或約定來發表意見，且需符合時間和場所。
3. 不能隨自己高興任意發言，也不能隨便沒完沒了。
4. 必須在限定的時間內，把該說的話說完。
5. 自己要盡量把所有的話以最準確簡潔的方法說出。
6. 不能隨意使用方言。
7. 要注意自己的用語。
8. 不可使用不常用的代表性符號或暗號，應考慮到所有的人。
9. 在公開場合所說的話，常會被記錄下來，所以應盡量避免重複。
10. 說話之前要多考慮，以免讓人誤會你所隱含的意思。
11. 必須對自己的言論負責，如果引起別人的反駁或質問，要能加以補充或說明。
12. 有時候，你所說的內容會被留作紀錄，被「文字化」或「印刷化」。
13. 不宜含有含糊不清的語言，不負責任的說法以及不實的傳說或笑話。

可見，在正式場合談話前要花大力氣做許多準備工作，而在一般情況下，人們都來不及準備，或者即使準備了，自己也很難感到滿意，於是往往說話前沒有把握，這樣就必然產生緊張、恐懼心理，並出現喉嚨乾澀、呼吸急促的現象。

所以，用什麼樣的方法，說什麼樣的內容，也就是如何組織演說或公開發言的內容，是我們在發言之前所必須先要想到的。很多人都為此感到過困惑，不知從何著手進行組織。其實，並沒有什麼好怕的。只要我們牢記了正式場合談話的特徵，並靈活自如地運用它們，就一定能取得令人滿意的效果。

魅力表達：

總之，對一般人而言，在人前發表談話，最好的態度就是：不要太估高自己，不要在乎別人，就算獻醜，又何妨？如能這樣大膽地放下包袱，放鬆自己，就一定能消除緊張、恐懼的不健康心理，大膽地說話。

Day3　讓自信爆棚的祕技

Day3　讓自信爆棚的祕技

1. 勇氣和信心的準備

有的人在家裡說話泰然自若，談笑風生，滔滔不絕，可是一到眾人面前說話就期期艾艾，惶惶恐恐，好像連嘴巴也不聽使喚，手也不知怎麼放。其實不過換了個環境而已。

美國第十六任總統林肯可謂世界著名演說家，他也曾有過這樣的情況。下面是他的同時代人對他的一段回憶：

「他好像是不知所措，很吃力地去使自己適合情景，在過分憂慮和過敏的感覺中掙扎片刻，因而更使他難堪了。這時，我很同情他，他開始講話，聲音尖銳難聽，古怪的姿態，黃皺的面孔，疑慮的動作，好像一切都在與他為難似的，好在這僅僅是一會而已。不久，他鎮定了，他的才能也開始了。」

這段回憶說明，初登講壇的人總不免會有一個由恐懼到鎮定的過程。

跟眾人說話與跟家人說話有什麼不同呢？無非是跟眾人說話，場面大些，生人多些。面對這種場面，說話人內心往往會產生膽怯的心理，怕講得不好被人恥笑，怕講錯了要負責任……諸如此類的壓力，都會造成說話者的恐懼心理。

美國著名心理學家艾伯特·班度拉也是廣受歡迎的演說家，然而在他成功的背後也有一段如何克服恐懼的生命歷程。多年後，他在寫下這段經歷時，提到他的高中時代，如何一想到要上臺致詞五分鐘就寢食難安的情景：

第一步　口才心理大檢修

「隨著那致命的一日步步逼近，我幾乎嚇病了。每次一想到這恐怖的事，我就頭暈目眩，兩頰發熱，必須躲到教室的後面，把臉貼在冰涼的牆上，希望冷卻那燙人的臉頰。一直到上大學，老毛病還是沒改。有一次，我仔細地牢記了一篇演講詞的開端：『亞當斯和傑佛遜不要重現。』當我面對臺下一張張仰起的臉孔時，我的頭又開始暈了，暈得我自己不知置身何處。我努力想要說出第一句話，結果說成『亞當斯和傑佛遜已經去世』，然後我就說不下去了，所以我就低頭一鞠躬，在掌聲中沉重地回到我的座位。接著主席起立說：『哦，艾伯特，我們很遺憾聽到這個悲哀的消息，不過我想我們會節哀順變的。』一語未終，可以想像全班的哄堂大笑，當時地底如果有個洞，我就會鑽進去，一輩子再也不出來了。」

這些歷史上的巨匠尚且如此，普通人又何嘗不是這樣呢？所以，我們沒有理由希望自己一鳴驚人，從懷胎裡掉下來就是演說家。魯迅先生早就告誡我們：「不論怎樣的天才，生下來第一聲仍然是哭，而不是一首詩。」想想這些，也就不覺得奇怪了。相反，那種從未對公眾講過話的人，一上場便鎮定自若，談吐自如，倒是令人奇怪不已，甚至難以置信。

既然我們承認緊張、恐懼心理是初學說話者和演講老手都會碰到的問題。那麼，下一步就應該針對其產生的原因而採取行之有效的措施克服它了。

怎樣克服緊張、恐懼心理，羅馬大將凱撒當年統帥雄師渡海踏上英國土地時，使他的軍隊百戰百勝的方法，值得借鑑。當時，凱撒命令全軍站在海邊的懸崖上，俯瞰兩百英尺以下洶湧的巨浪。

士兵們發現來時乘坐的船隻已被大火燒毀，這正意味著完全斷了退路，唯一求生辦法只有努力向前征服敵人，打敗敵人。士兵們建立起了必勝的決心，結果攻無不克，所向披靡，取得了輝煌的戰績。

凱撒的這次巨大成功，關鍵在於他的軍隊最大限度地拿出了勇氣，樹立了信心。

魅力表達：

同樣道理，要克服自己緊張、恐懼說話的不健康心理，也很需要這種勇氣和自信心，建立必要的勇氣，樹立必要的自信心，是克服說話者膽怯心理的關鍵，是提高說話信心與魅力的第一步。

2. 見多還要識廣

有些會議，在主要發言人講完以後，非得下面的幹部一個個表態。有些明明沒有什麼好講的，也要來那麼三五句。除了

第一步　口才心理大檢修

會風不正之外，從說話的角度講，也是違反說話基本要求的；既然沒什麼說的，硬憋幾句，除了浪費時間，引起聽眾反感、煩躁之外，還有什麼效果呢？因此，沒有話說寧可不講。

要有話說首先要有內容，「練」才有依據。我們力求每一句話都實實在在地表現一定的思想。

為了充實我們的思想，這就要千方百計加強觀察與記憶。

我們生活在社會之中，要處處觀察、研究社會，因為人的認識依賴於實踐，來源於實踐。既然人的認識總是透過自己的感官從客觀世界取得感覺經驗開始的，而感覺經驗又必須接觸了某種事物才能產生，所以實踐活動越多越深入，直接接觸的事物越多，能提供我們說話的材料就越豐富。我們常常看到一些學歷不高、但生活閱歷廣泛的人，談天說地滔滔不絕，就是因為見識廣，說起話來就有了充分的內容了。

但不是凡閱歷廣的人都善於講話，閱歷廣只是一個基礎，還必須要有一定的條件。

魅力表達：

口吐蓮花並非易事，羅馬不是一天造成的，要想說話時候信心百倍，底氣十足，平時的知識累積不可少。

3. 學會觀察一切

發明電燈的大科學家愛迪生，有二十七個助手。這群助手每天在從燈泡廠到研究室的路上來回。有一次，愛迪生說要出一道基礎題，要大家準備一下，助手們廢寢忘食準備了幾天，應考時，愛迪生問的不是課文知識，而是問路上有一棵什麼果樹，居然沒人能回答得出來。

為什麼這些助手在此時無可奉告呢？原因只有一個，就是沒有留意觀察。光看不行，還要想，否則許多擺在眼前的事物會視而不見。《紐約時報》名記者泰勒初當記者不久，去採訪某著名女演員的首場演出。到了劇場以後，才發現演出已取消。於是空手而歸，回家安然大睡。半夜時分，泰勒被電話鈴吵醒了，編輯氣沖沖地在電話裡斥責他，其他報紙的頭條新聞都報導這位女演員自殺。編輯說：「像這樣一個名演員的首場演出被取消，本身就是新聞，它的背後，可能有更大的新聞；記住，以後你的鼻子不要再被感冒堵塞了。」

過去英國《泰晤士報》總編要求，每個初來的記者向他報到時，第一件事要說出上辦公室前爬了多少階梯。對方若回答不出的，要下樓重數。然後，總編告訴記者：「你要想成為有出息的記者，就要從樓梯級開始學會觀察。」如果我們對周圍的各種人和事不注意觀察，如一團煙霧，渾渾沌沌，即使硬要說，也只能影影綽綽，不會有鮮明感。那麼還會有什麼話說呢。

第一步　口才心理大檢修

　　保持敏銳的觀察力，要向兒童學習。魯迅說過：「孩子是可敬佩的，他常常想到星月以上的境界，想到地面下的情形，想到花卉的用處，想到昆蟲的語言，他想飛入天空，他想潛入地穴……」兒童們豐富的幻想，無休止的好奇心，無窮無盡的疑問，對一切都想進行探求。永保童心就是保持探索客觀現實的激情、興趣、專注和豪放的思想，開闊的意境，對紛至沓來的新事物都執著進行細心的觀察與思考，刨根求源。許多有重大價值的事實往往在細緻的觀察中發現，否則，再有價值的事實你也會視而不見，聽而不聞了。

魅力表達：

　　讓你的眼球每天多運轉三百轉，相信，這個世界會豐富三千倍，腦海中的話語細胞會隨之增加三萬個。

4. 在勇氣面前，口吃也會好

　　前日本首相田中角榮在《我的履歷表》中曾作過記述：他小的時候有過嚴重的口吃，因為說話困難常常被同學歧視、捉弄。有一次，他不小心把幾個新買的燈泡打碎了，情不自禁地發出「啊！」的一聲，從此他知道生了氣就可以情不自禁地發出聲音來。

Day3　讓自信爆棚的祕技

他回憶道：

「口吃是個奇妙的東西。說夢話，唱歌以及同妹妹說話時就不結巴。跟自己的狗說話也絕不口吃。可是一旦同長輩說話就莫名其妙地結巴起來，越緊張越厲害。讀了不少矯正口吃的書，也沒有見效。後來便經常提醒自己：『我不口吃』，從而得到自信，我認為有意放聲唱、放聲朗讀大有益處，因此到了深山就練習發大聲。

在當年的學藝會上，我演飾《弁慶安宅關》中的弁慶。老師知道我口吃，要我當『導演』。但老師看到我的熱誠，終於讓我擔任扮演『弁慶』主角的重要任務。

當天，戲剛一開始，我拄了金剛杖，打扮成和尚就上場了。大家要看口吃的田中究竟演什麼樣的弁慶，所以全場鴉雀無聲。……我帶著演唱腔調開了頭，結果意外順利地說出了頭一句臺詞。由此得到了勇氣，難講的《勸進帳》臺詞也能順利地唸下去了。戲一結束，全場發出暴風雨般的掌聲。

其實，我為了完成這個重要任務，想出了兩種辦法，第一是臺詞裡帶上調子講；第二是在演戲的時候加上音樂伴奏，使戲和音樂配合起來。這時候，成功地演出了弁慶角色，使我對克服口吃增添了莫大的信心。」

口吃的田中，固然有先天的生理缺陷。但他發現自己並非絕對的口吃，進而分析自己在某些場合下並不口吃，如同妹妹等小輩說話。這就是說，環境變異，才誘發他口吃的出現。其實，我們身邊一些所謂不會說話的人何嘗不是如此呢？在家說

第一步　口才心理大檢修

話從容自如,侃侃而談,一到了大場面,到了正式發言,就顯得張口結舌,既然這種恐懼在一定場合下才產生,那它就並非一成不變。適應了各種場面,這種恐懼就可以克服。

恐懼心理往往還來自頭腦中各種雜念,如說錯要負責任,講得不好人家會恥笑,甚至會害怕聽眾虎視眈眈的目光,諸如此類的恐懼和猶豫,都會干擾自己說話能力的正常發揮。所以,說話前應當對可能出現的問題作一番清理,掃除思想障礙,才能無拘無束地把話說下去。

田中把克服口吃的第一關鍵立到舞臺上,這有著得天獨厚的益處。在舞臺上表演,雖然臺下眾目睽睽,但也很有利益。相反,因為上臺不是一般講話,而是唸臺詞,所以必須事先把要講的話準備爛熟至融會貫通,越是爛熟,講得越流利。因此,一個初學者要在眾人面前鎮靜地開口,事先應有充分的準備,說話中心、層次、遣詞、用句都要打個腹稿,否則臨場時心中無底,就好像一個盲人領著一群盲人,如履薄冰,前瞻後顧。因此有人說,沒有準備的上場就像衣冠不整地站在眾人面前那麼狼狽。

魅力表達：

連口吃的人都會說好話,可見,那些在大眾場合語無倫次的「假口吃」者們得醒悟了。

5. 記憶的需要性

有個沒有真才實學的人，喜歡賣弄自己的聰明。一次他告訴別人：「我看過一首詠老虎的詩，做得實在妙極了。雖然只有四句，卻把老虎寫活了。」

人家請他讀來聽聽。他搖頭晃腦地說：「第一句好像是什麼虎，第二句大概是什麼苦。」人家見他兩句都沒唸出來，有些不耐煩，讓他說後兩句算了。那人歪著腦袋想了大半天，才說：「第三句真的忘了，好在第四句話記得清楚，是厲害得很的意思。」

聰明的讀者一定可以在捧腹之餘，得到某些啟發吧。這說明，記憶是把話說好的一個條件。

在我們閱讀知名政治人物對外賓談話時，常常被他那驚人的記憶力所折服。有人由於記不住，便總想藉助講稿。其實，除了一些鄭重的政治場合外，說話使用講稿並非一個好辦法，它不但阻礙你和聽眾之間可貴的接觸和感情交流，而且多少給人生硬造作之感。甚至使聽眾認為你對自己的講話缺乏自信而減少信服力。

但是，盡量不帶講稿並不等於不必準備，不等於可以臨場信口開河。對一些必要的數字及事實，可以事先進行記憶。如果預先寫一個大綱，把它記熟，講起來就有了脈絡，即興發揮也不致於離題太遠。前日本首相田中很能說話，這

第一步　口才心理大檢修

與他極強的記憶力分不開,他主張必須記住的東西,要全部死記硬背。對《廣辭林》也是撕下一張揣在口袋裡,全部記住了才撕掉,再撕下第二張。

他又說:「讀了書要記得,聽了講要懂得,如果讀書或聽講都不能記住,那就什麼用處也沒有。啟發式的教育,自學的教育,看來的確是很好的,但是如果對原理、定理、方程式或者衡量事物的分寸等,都不下苦功把它記住,就不能得到新的進步和發展。」

馬克‧吐溫演說,總是帶講稿。後來,他想出一種幫助記憶的妙法,他在一家刊物上這樣介紹:

「最難記憶的是數字,因為它既單調又沒有顯著的外形,如果你能在腦海中把一幅圖畫和數字連繫起來,記憶就容易多了。如果這幅圖畫是你想出來的,那你更不會忘掉了。我曾經有過這種經驗,在三十年前,每晚我都要演講一次,所以我每晚要寫一個簡單的演說稿,把每段的意思用一個句子寫出來,平均每篇約十一句,有一天晚上,忽然把次序忘了,使我窘得滿頭大汗。由於這次經驗,於是我想了一個辦法:在每個指甲上依次寫上一個號碼,共計十個,第二天晚上我再去演說,便常常留心指甲,並為使不致忘掉剛才看的那個指甲,看完一個便把號碼揩去一個。但是這樣一來,聽眾都奇怪,我為什麼一直望著自己的指甲。結果,這次的演講又是以失敗告終。

忽然,我想為什麼不用圖來代表次序呢?這使我立刻解決了一切困難。回家我用筆畫了六幅圖畫,用來表示六個話題。然後我把圖畫拋開,但是那些圖畫已給我一個很深的印象,只要我閉上眼睛,圖畫就很清晰地出現在眼前。」

魅力表達:

在日常說話中,最大量的是即興的講話,現想現說,要有內容就更加依靠平時的累積,沒有記憶的大量資訊儲存,要把話說好更是不可想像的。

第一步　口才心理大檢修

第二步
口才實況大作戰

Day4　和陌生人相處不再「尬聊」

1. 別說話太多，也不要打斷別人

當一個人比較緊張時，常常會說個沒完沒了，不讓別人有機會插嘴。要是你發現自己口若懸河時，就趕緊閉嘴。要想獲得積極的光環效應，自己滔滔不絕和打斷別人的談話都不是辦法，所以盡可能別這麼做。俗話說：「言多必失。」日常生活中，常常有人因言詞不當，或出語過直，使談話對象之間出現尷尬甚至不愉快的局面。改變這種局面的辦法就在於要善於運用婉轉。所謂婉轉，即從善意出發，對非我觀點的人和事物作出正確又不產生刺激效果的評述。生活當中所有非原則性問題，都可以用婉轉表述。其效果既可消除怨怒，促進尊重，又能夠使人與人之間充滿友好氣氛，還可以改善家庭環境、生活環境、工作環境。

與人交談時常會遇到一些難以正面回答的話題，完全迴避會讓人覺得你「滑頭」或缺乏主見，掌握一些應對技巧是相當重要的。

- 迴避焦點法：即當你要回答好與壞時，你可以避開正面回答，而從側面婉轉說出你的意見。
- 褒貶倒置法：即把批評性的話以表揚長處的形式表達出來。
- 模糊主旨法：對於非原則性問題，當自己意見與他人不同且沒有必要引起爭論時，可以含糊其辭，一帶而過。

第二步　口才實況大作戰

- 揚長抑短法：閒談之中，對周圍的人宜褒揚莫貶低。
- 求同存異法：多找共同點，以其盡可能多的共鳴，同時也適當保留自己的不同意見，使人際關係既親切又有發展的餘地。
- 轉換生成法：在明顯相異的觀點、意見與氣氛中，設身處地理解、諒解對方，由負效應轉變為正效應。
- 自我批評法：在朋友之間、夫妻之間尤需高姿態，由自我批評進而達到相互諒解直到溝通感情。
- 婉轉期待法：對方的現狀也許不能令人滿意，於是婉轉說出你的嚮往與期待，鼓勵對方共同努力，爭取達到理想境界。

魅力表達：

在與別人交談之前，先想想你想從對方身上得到什麼，然後再對症下藥，選擇一種最好的應對技巧。

2. 與陌生人「一見如故」

許多人同陌生人說話都會感到拘謹。建議你先考慮一個問題，為什麼你跟老朋友談話不會感到困難？很簡單，因為

Day4　和陌生人相處不再「尬聊」

你們相當熟悉。相互了解的人在一起，就會感到自然協調。而對陌生人卻一無所知，特別是進入了充滿陌生人的群體，有些人甚至懷有不自在和恐懼的心理。你要設法把陌生人變成老朋友，首先要在心目中建立一種樂於與人交朋友的願望，心裡有這種要求，才能有行動。

這裡，以到一個陌生人家去拜會為例：如果有條件，首先應當對拜會的客人作些了解，探知對方一些情況，關於他的職業、興趣、性格之類。

當你走進陌生人住所時，你可憑藉你的觀察力，看看牆上掛的是什麼？國畫、攝影作品、樂器……都可以推斷主人的興趣所在，甚至室內某些物品會牽引起一段故事。如果你把它當做一個線索，不就可以由淺入深地了解主人心靈的某個側面嗎？當你抓到一些線索後，就不難找到開場白。

如果你不是要見一個陌生人，而是參加一個充滿陌生人的聚會，觀察也是必不可少的。你不妨先坐在一旁，耳聽眼觀，根據了解的情況，決定你可以接近的對象，一旦選定，不妨走上前去向他作自我介紹，特別對那些和你一樣，在聚會中沒有熟人的陌生者，你的主動行為是會受到歡迎的。

應當注意的是，有些人你雖然不喜歡，但必須學會與他們談話。當然，人都有以自我興趣為中心的習慣，如果你對自己不感興趣的人不瞥一眼，一句話都不說，恐怕也不是件

第二步　口才實況大作戰

好事。你可能被人認作是傲慢，甚至有些人會把這種冷落當做侮辱，從而產生隔閡。和自己不喜歡的人談話時，第一要有禮貌；第二不要接觸有關雙方私人的事，這是為了使雙方自然地保持適當的距離，一旦你願意和他結交，就要一步一步設法縮小這種距離，使雙方容易接近。

在你決定和某個陌生人談話時，不妨先介紹自己，給對方一個接近的線索，你不一定先介紹自己的姓名，因為這樣人家可能會感到唐突。不妨先說說自己的工作單位，也可問問對方的工作單位。一般情況，你先說說自己的情況，人家也會相應告訴你他的相關情況。

接著，你可以問一些有關他本人的而又不屬於祕密的問題。對方有一定年紀的，你可以向他問子女在哪裡讀書，也可以問問對方公司的業務情況。對方談了之後，你也應該順便談談自己的相應情況，才能達到交流的目的。

和陌生人談話，要比對老相識更加留心對方的談話，因為你對他所知有限，更應當重視已經得到的任何線索。此外，他的聲調、眼神和回答問題的方式，都可以揣摩一下，以決定下一步是否能深入發展。

有人認為見面談談天氣是無聊的事。其實，這要以問題來具體分析。如果一個人說：「這幾天的雨下得真好，否則田裡的稻苗會缺水了。」而另一個則說：「這幾天的雨下得真糟，

Day4　和陌生人相處不再「尬聊」

我們的旅行計畫全泡湯了。」你不是也可以從這兩句話中分析兩人的興趣。性格嗎？退一步說，光是敷衍性的話，在熟人中意義不大，但對與陌生人的交際還是有作用的。

如遇到那種比你更羞怯的人，你更應該跟他先談些無關緊要的事，讓他心請放鬆，以激起他談話的興趣。和陌生人談話的開場白結束之後，特別要注意話題的選擇。那些容易引起爭論的問題，要盡量避免，為此當你選擇某種話題時，要特別留心對方的眼神和小動作，一發現對方厭倦、冷淡的情緒時，應立即轉換話題。

在與人聚會時，常常會碰到請教姓名的事，「請問您尊姓大名。」你要牢牢記住對方的姓名，對方說出姓名之後，你應立即用這個名字來稱呼，當你碰到一個可能已經忘記姓名的人，你可以表示抱歉，「對不起，不知怎麼稱呼您？」也可以說半句「您是 ──」，「我們好像 ──」，意思是想請對方主動補充回答，如果對方老練他會自然地接下去。

魅力表達：

盡量自然一點地說話，即使他不理睬你，你也可以大大地聳聳肩走升，但通常的情況是，你越自然，陌生人就會感到你越熟悉，這不就達到「一見如故」的目的了呢？

第二步　口才實況大作戰

3. 快速「套近乎」的十六個訣竅

1. 了解對方的興趣愛好。初次見面的人，如果能用心了解與利用對方的興趣愛好，就能縮短雙方的距離，而且加深給對方的好感。例如：和中老年人談健康長壽，和婦女談論小孩和減肥以及大家共同關心的寵物等，即使自己不太了解自己的人，也可以談談新聞、書籍等話題，都能在短時間內給對方留下深刻印象。

2. 多說平常的語言。一位著名作家說過：「盡量不說意義深遠及新奇的話語，而以身旁的瑣事為話題作開端，是促進人際關係成功的鑰匙。」

   一味用令人咋舌與吃驚的話，容易使人產生華而不實、鋒芒畢露的感覺。受人愛戴與信賴的人，大多並不屬於才情煥發，以驚人之語博得他人喜愛的人。

   尤其對於一個初識者，最好不要刻意顯出自己的顯赫，寧可讓對方認為你是個善良的普通人。

   因為一開始你就不能與他人處於共同的基礎上，對方很難對你產生好感。如果你擺出一副高人一等的樣子，別人也會用同樣的態度對待你。

3. 避免否定對方的行為。初次見面是建立良好人際關係的重要時期，在這種場合，對方往往不能冷靜地聽取意見、建議並加以判斷，而且容易產生反感。同時，初次

Day4　和陌生人相處不再「尬聊」

見面的對象有時也會恐懼他人提出細微的問題來否定其觀點，因此，初見面應當盡量避免有否定對方的行為出現，這樣才能造成緊密的人際關係。

當然，這並不是讓你不提相反意見。你應盡可能地避免當著他的面提出，或者可以借用一般人的看法以及引用當時不在場的第三者的看法，就不會引發對方反射性的反駁，還能夠使對方接受並對你產生良好印象。

4. 了解對方所期待的評價。心理學家認為，人是這樣一種動物，他們往往不滿足自己的現狀，然而又無法加以改變，因此只能各自持有一種幻想中的形象，或期待中的盼望。他們在人際交往中，非常希望他人對自己的評價是好的，比如胖的人希望看起來瘦一些，老人願意顯得年輕些，急欲提拔的人期待實現的一天。

5. 注意自己的表情。人的心靈深處的想法，都會形諸於外，在表情上顯露無遺。一般人在到達約會場所時，往往只檢查領帶正不正、頭髮亂不亂等問題，卻忽略了「表情」的重要性。如想留給初次見面的人一個好印象，不妨照照鏡子，謹慎地檢查一下自己的臉部表情是否和平常不一樣，過度緊張的話，最好先對著鏡中的自己微笑一番。

6. 留給對方無意識的動作。初次見面的場合中，如果有一方想結束話題，往往會有看手錶等對方不易察覺的無意識動作。因此，當你看到交談的對方突然焦躁地看著手

第二步　口才實況大作戰

錶，或者望著天空詢問現在的時刻，就應該早結束話題，讓對方明了你不是一個毫無頭腦的人。你清楚並尊重他的想法，必能留給對方一個美好的印象。

7. 引導對方談得意之事。任何人都有自鳴得意的事情。但是，再得意、再自傲的事情，如果沒有他人的詢問，自己說起來也無興致。因此，你若能恰到好處地提出一些問題，定使他心喜，並敞開心扉暢所欲言，你與他的關係也會融洽起來。

8. 坐在對方的身邊。面對面與陌生人談話，確實很緊張，如果坐在對方的身邊，自然會比較自在，既不用一直凝視對方，也避免了不必要的緊張感，而且會很快親近起來。

9. 找機會接近對方的身體。每個人都會在自己的身體周圍設定一個勢力範圍，一般只允許特別親密的人。如果你越界了，就會產生與對方有親密人際關係的錯覺。比如：推銷員往往一邊說話一邊若無其事地移動位置，直到坐在客戶的身旁，好感頓生。因此，若想早日建立起親密的關係，必須找機會去接近對方的勢力範圍。

10. 以笑聲支援對方。做個忠實的聽眾，適時的反應情緒，可以使對方摒棄陌生感、緊張感，從而發現自己的長處。尤其要發揮笑的作用，即使對方說的笑話並不很好笑，也應以笑聲支援，產生的效果或許會令你大吃一驚，因為，雙方同時笑起來，無形之中產生了親密友人一樣的氣氛。

11. 找出與對方的共同點。任何人都有這樣一種心理特徵，比如：同一故鄉或同一母校的人，往往不知不覺地因同伴意識、同族意識而親密地連結在一起，同鄉會、校友會的產生正是因此。若是女性，也常因星座、血型、愛好相同產生共鳴。

    如果你想得到對方的好感，利用此種方法，找出與對方擁有的某種共同點，即使是初次見面，無形之中也會湧起親切感。一旦接近了心理的距離，雙方很容易推心置腹。

12. 表現出自己關心對方。表現出自己關心對方，必然能贏得對方的好感。

    在招待他人或是主動邀請他人見面時，事先應該多少蒐集對方的資料。這不僅是一種禮貌，而且可以滿足他人的自尊，使他感受到你的誠意和熱忱。

    記住對方說過的話，事後再提出來當話題，也是表示關心的做法之一。尤其是興趣、嗜好、夢想等，對對方來說，是最重要、最有趣的事情，一旦提出來做話題，對方一定覺得愉快。

13. 先徵求對方的意見。不論做任何事情，事先徵求對方的意見，都是尊重對方的表示。在處理某一件事中，身分最高的人握有當時的選擇權，將選擇權讓給對方，也就是尊重對方的表示。

第二步　口才實況大作戰

而且,不論是誰,都希望得到他人的尊重,絕不會因此不高興或不耐煩。

14. 記住對方「特別的日子」。當你得知對方的結婚紀念日。生日時,要一一記下來,到了那天,打電話以示祝賀,雖然只是一通電話,給予對方的印象卻很強烈。尤其是本人都常忘記的紀念日,一旦由他人提起,心中的喜悅是難以形容的。

15. 選擇讓對方家人高興的禮物。俗話說:「射人先射馬」,饋贈禮物時,與其選擇對方喜歡的禮物,倒不如選擇其家人喜歡的禮物。哪怕是一件小小的禮物給對方的妻子,她對你的態度就會改變,而收到禮物的孩子們更會把你當成親密的朋友,你將得到全家人對你的歡迎。

16. 直呼對方的名字。我們都習慣在比較親密的人之間才只稱呼名字。連名帶姓地呼叫對方,表示不想與他人太過親密的心理,所以,直呼對方的名字,可以縮短心理的距離,獲得意想不到的效果。

魅力表達:

「時間就是生命」,如果你不得不與陌生人交談,又不想浪費生命,那麼就不妨試試這十六種訣竅。

4. 不怕難下手，就怕不開口

社交中的沉默有兩種，一種是對社交有益的沉默；一種是對社交有害的沉默。對前一種沉默我們應學會使用和理解，對後一種沉默則應努力避免和打破。雖說沒有什麼打破沉默的訣竅，但是根據人們日常的社交習慣和心理，還是有些常用方法的。

打破沉默局面有兩個基本要求：

一是深入分析引起沉默的真實原因。如張三因患急性咽喉炎而不願說話，你卻以為張三對你說話的主題沒有興趣，於是轉換話題想打破對方的沉默狀態，那肯定是難以奏效的。

二是在打破沉默的過程中，不要給對方壓迫感。只有巧妙地打破沉默，才能給雙方帶來語言溝通的熱情和感受到社交的樂趣。如：你的朋友第一次參加某社團的團體活動，會拘謹而沉默寡言，這時你可主動向他介紹有關的情況，並引見諸位，在輕鬆愉快的氣氛中，使你的朋友不知不覺地消除拘束感，沉默也就被打破了。

打破沉默局面，應該從許多方面著手：

◆ 把架子放下來

如果是自己太清高、架子大，使人敬而遠之，而造成了對方的沉默，則主要應從完善自己的個性著手，在社交場合

中主動些、熱情些、隨和些。

如果是自己太自負，盛氣凌人，使對方反感，而造成了沉默，則要注意培養謙虛謹慎的品德，多想想自己的短處，在社交場合中適當褒揚對方的長處，並真誠地表示向對方學習。

如果是自己口若懸河，講起話來漫無邊際，無休無止而導致了對方的沉默，則要注意自己講話應適可而止，並主動徵求對方的看法和意見，讓對方也有機會表達自己的立場和觀點。不要讓人覺得你是在作單方面的「說教」，而應讓人覺得彼此在進行雙向溝通，讓對方產生你很重視他的觀點的印象，引起他的交談欲望，從而使談話不致陷於沉默之中。

◆ 談別人得意的事

如果對方流露出對此話題不感興趣而不想開口的情緒，那最好是馬上轉移話題，選擇對方樂於談論的事情進行交談。或故意創造機會讓對方自己轉移話題。

如果對方事先沒有準備，對此話題有興趣但又不知從何談起，那麼應以簡明的、富有啟發性的交談來開闊對方的視野，活躍對方的思想，從而引起對方的談話興趣，消除沉默。

如果對方自我防衛的意識太重，不輕易開口，那麼，就

要努力創造非正式的交談氣氛，支持和鼓勵對方無顧忌地坦率地交談，不馬上反駁對方的觀點，對其一些合理的看法給予讚許，促其進入交談。

如果對方過於謙讓而造成了沉默，則要增強交談的競爭氣氛，用熱烈、緊張而有趣的談話激發沉默者進入交談。

◆ 多談共同點

如果是因為雙方互不了解，不知談什麼得體，那麼就應當主動作自我介紹，並使交談涉及盡可能廣泛的領域，從中發現雙方的共同話題。

如果因雙方過去曾經發生的磨擦或隔閡而造成了沉默，那麼就應該高姿態，求大同存小異，或者乾脆把過去的隔閡拋在腦後，彷彿什麼也沒有發生似的，熱情地與之攀談，增強信任和友善的氣氛。

如果是剛剛發生了爭論而出現了沉默，那麼就應當冷靜下來，心平氣和地談些無分歧的問題；如果局勢太僵，則可暗示在場的第三者出面積極調解，打破沉默。

◆ 找合適的地方說話

如果對方覺得這個環境不適合他發表意見，那麼可以換個環境，也許他就願意敞開思想來談。

第二步 口才實況大作戰

如果對方認為環境中的個別因素妨礙了交談,在可能條件下,可以排除這些干擾因素,使對方積極地參與交談。

魅力表達:

俗話說「沉默是金」、「金口難開」這時候,只有你開口講出的是金,你才能引出別人的「金」來。

Day5　讚美他人：三言兩語心花怒放

第二步　口才實況大作戰

1. 洞察他人心 ——— 讚美他人的前提

俗話說：「到什麼山上唱什麼歌，看什麼人說什麼話。」除去其中溜鬚拍馬、見風使舵的消極因素，「看人說話」有其積極的意義，看什麼人說什麼樣讚美的話，更會令我們在交往中遊刃有餘，得心應手。

(1)什麼樣的山，你就唱什麼樣的歌

讚美別人，不單單是花言巧語、甜言蜜語，更重要的是根據對方的文化修養、個性性格、心理需求、所處背景、角色關係、語言習慣乃至職業特點、性別年齡、個人經歷等不同因素，恰如其分地恭維、讚美對方。

西元1889年，清廷任張之洞為湖北總督。新任伊始，適逢新春佳節，撫軍譚繼詢為了討好張之洞，設宴招待張之洞，不料席間譚繼詢與張之洞因長江的寬度爭論不休。譚繼詢說五里三，張之洞認為是七里三，兩人各持己見，互不相讓。眼見氣氛緊張，席間誰也不敢出來相勸。這時位列末座的江夏知縣陳樹屏說：「水漲七里三，水落五里三，制臺、中丞說得都對。」這句話給倆人解了圍，都撫掌大笑，並賞了陳樹屏二十錠大銀。

陳樹屏巧妙且得體的言詞，既解了圍又使雙方都有面子。這種讚賞就充分考慮了聽者的心理和當時的境況。

話要因人而異，必須考慮幾點因素：

1. 聽者的文化知識水準。文化知識水準不同，對說話的接受能力是不同的。

   比如要表述對社會嫉賢妒能現象的認識，聽者為知識分子，可說「木秀於林，風必摧之；堆高於岸，流必湍之；行高於眾，人必非之。」但這就不能再照搬講給教育程度不高的群眾，而可以說「棒打出頭鳥」、「出頭的椽子先爛」這樣的俗話，對方會更容易接受，講話才會有效果，讚美人同樣如此。

2. 聽話者的個性性格。對方性格外向，透明度高，可以多讚美他，他會很自然接受；如果對方比較內向、敏感、較嚴肅，你過多地讚美他，會使其認為你很輕浮、淺薄。因此，在讚美對方時要注意這一點。

3. 聽話者的心理特點和情感需求。交談雙方各有欲望，要迎合對方的需求講讚美的話。一個不喜歡淑女型，喜歡個性鮮明，男孩子氣的女子，你誇她如果長髮披肩，長裙搖曳，定會娜婀多姿，美麗迷人，她也許不會感激你，還有可能罵你多管閒事。如果了解她的心理，誇她短髮看起來又精神又有活力，她一定會開心。

   十九世紀的維也納，上層婦女喜歡戴一種筒高檐寬的帽子。她們進劇院看戲，仍然戴著帽子，擋住了後排人的視

第二步 口才實況大作戰

線，對劇院的要求女客脫帽的規定她們不予理睬。劇院經理一日靈機一動，在臺上說：「女士們請注意，本劇院要求觀眾一般都要脫帽看戲，但是，年老一些的女士——請聽清楚——年老的女士，可以不必脫帽。」此話一出，全場的女性全部自覺把帽子脫了下來：「誰願意承認自己年紀老呀！」

這位聰明的經理正是利用了婦女們愛美愛年輕的心理特點和感情需求，使原先頭痛的問題迎刃而解。

4. 聽話者的性別特徵。與不同性別的人講話，應選擇不同的方式。對體胖的女子，你說她又矮又胖，一定會令人反感；但你誇她一點不胖，只是豐滿，她會得到幾分心理安慰。不會因為自己胖而自卑。對同樣體型的男子，你說他矮胖子，他也許會置之一笑。

5. 聽話者的年齡特徵。你若想打聽對方的年齡，不同年齡要採取不同方法。對小孩子可以直接問：「今年幾歲了？」對老年人則要說：「今年高壽？」對年齡相近的異性不可直接問，要試探著說：「妳好像沒我大？」對年紀稍大的女性，年齡更是個「雷區」，問得不好討人厭。一個四十歲的中年女子，你開口道「快五十了吧」，對方一定氣憤不已，你小心地問「三十出頭了吧」，她一定會心花怒放，笑逐顏開。

6. 聽話者的心境特徵。俗話說：入門休問非榮事，觀看客顏便得知。在誇讚別人時，要學會察言觀色。一個為事業廢寢忘食的年輕人，一夜未睡，便可以稱他「以事業為重，有上進心」；一個為了債務焦頭爛額，心緒不寧的企業家，你誇他「事業有成，春風得意」，對方也許會認為你是在講「風涼話諷刺」。這種讚美便會造成適得其反的效果。

除了以上因素，還要考慮不同職業，不同宗教信仰等因素。

(2)「拍馬屁」別拍在馬腿上

每個人在生活中都扮演了多重角色，角色關係不同，說話方式就不同，讚美的方式也就不同。

對朋友可以真心誠意地誇他，對主管要含蓄適度的讚美，否則會認為是「拍馬屁」，對愛人要甜言蜜語地稱讚，對長輩要恭恭敬敬地討好，對小孩可以和藹可親地誇獎他。

有一個故事：

朱元璋做了皇帝以後，他從小一起玩的苦朋友來向他求救。

一個見了朱元璋後說：「我王萬歲！當年微臣隨駕掃蕩蘆州府，打破罐州城，湯元帥在逃，拿住豆將軍，紅孩兒當關，多虧某將軍。」

朱元璋聽後，心裡十分高興，就封他做了御林軍總管。

另一位苦朋友聽說此事以後，也想到朱元璋那裡討個一

第二步　口才實況大作戰

官半職。他見了朱元璋，竹筒倒豆子似的說了起來：「我王萬歲！還記得嗎？從前你我都替人家放牛，有一天我們在蘆花叢裡，把偷來的豆子放在瓦罐裡煮，還沒煮熟，大家便搶了起來，結果罐子打破，撒了一地的豆子，湯潑在泥裡。你只顧滿地撿豆子吃，不小心連紅草葉子送到嘴裡。葉子便在喉嚨裡，苦得厲害。幸虧我出了個主意，叫你把青菜葉子吞下去，才把紅草葉子帶到肚裡去⋯⋯」

朱元璋在大殿上聽了這些不顧體面的話，不等說完就喊道：「推出去斬了！」

兩個窮朋友，敘述了同一件事，一個做了大官，一個丟了性命。歸根究柢是前者注意了角色關係，而後者卻忽略了這一點。以前他們是一起玩耍的夥伴，但如今一個是皇帝，一個是貧民，怎麼能同日而語呢！

話語交際中的角色關係，按關係來源可以劃分為六類：

- 婚姻緣角色之間的人際關係。如夫妻關係、妯娌關係、連襟關係、婆媳關係、翁婿關係等。
- 血緣角色之間的關係。以血親連結在一起的兩個角色之間的關係。如母女關係、父子關係、姐妹關係、兄弟關係、兄妹關係、姐弟關係等。
- 感情緣角色之間的關係。因感情的緣故而連結在一起的兩個角色之間的關係。如戀愛關係、朋友關係等。

- 事業緣角色之間的關係。以職業的緣故而連結在一起的兩個角色之間的關係。如同事關係、同行關係。
- 地域緣角色之間的關係。即以地域為連接鈕帶。如同鄉關係、鄰里關係。
- 學校緣角色之間的關係。如師生關係、同學關係、學長學弟關係等。

在交流中我們應當注意人與人之間的這些關係,判斷自己與交談對象是否存在以上關係。又要注意判斷面對的幾個交談對象之間是什麼關係,還要判斷交談對象如交談中所涉及的人物的關係,只有準確、清楚地判斷這些關係,才能使交談進行通暢。

《紅樓夢》裡人物繁多,關係複雜,因此許多人的話語都能針對不同的心理狀態和人際關係而掌握分寸、區分對待。如第五十六回寫總管賈府內務的王熙鳳因病休養,王夫人只好讓探春、李紈料理家事,由薛寶釵協助。探春提出了加強修理節約開支的主張,大家都贊同。這時平兒該怎麼說呢?

作為王熙鳳的心腹,不能不維護主子的威望,也不能不讚美探春的能幹;既要附和說好,又要考慮實行新規定的困難和矛盾。若不多一層考慮,怎能說明自家主子為何沒想到這個好主意呢?平兒於是說:「這件事須得姑娘說出來,我們奶奶雖有此心,未必好出口。此刻姑娘們在園裡住著,不能

第二步 口才實況大作戰

多弄些玩藝兒陪襯,反叫人去監管修理,圖省錢。這話斷不好出口。」平兒確實有心計,有口才,怪不得寶釵稱讚她:「遠愁近慮,不卑不亢。」

(3) 切忌「哪壺不提提哪壺」

俗話說:牽牛要牽牛鼻子。讚美同樣要抓住關鍵來讚美,這就需要洞察對方心理,了解對方的心理需求。切不可「哪壺不提提哪壺」。

古代一位財主中年得子,非常高興,擺了酒席宴請親朋好友。親戚朋友見了小孩都揀好聽的話說,有的說這孩子大福大貴,將來一定會做官,有的說這小孩一臉福相,將來一定家業興旺。財主聽了心裡喜孜孜的,偏偏這時一個人說:「這孩子將來一定會死。」此話一出,財主的好心情也沒了,酒席草草結束。

此人講的確是真話,生老病死,誰也逃脫不了,但他不掌握財主的心理需求,冒冒失失講出這句話,讓人又氣又惱。

有一次,中國相聲演員侯躍文對他父親侯寶林說:「爸爸,我最近聽到一些反映,說商店裡某服務員的態度,常給顧客冷麵。我想寫段相聲諷刺一下。」

侯老聽了,沉思了一會,說:「你想諷刺服務員,可你了解他們嗎?工資不高,上班一站就是八九個小時,多辛苦!再

Day5 讚美他人：三言兩語心花怒放

說，誰家沒有不順心的事？誰能老有笑模樣？又沒吃『笑素』！顧客裡頭也有搗亂的，遇上那些人，你樂得起來？我不是說服務員有缺點就不能諷刺得先去做些調查研究，了解他們的工作和生活，體諒人家的難處，那才能寫出感情，批評得入理。」

侯老的一席話，充分展現了對他人的關心與理解。只有理解他人的心理，了解他人的喜怒哀愁，才能掌握好說話的內容與分寸，才會知道如何抓住對方的心理讚美對方。

那麼人的心理需求究竟是什麼呢？較全面、有影響的研究要屬美國心理學家馬斯洛的「需求層次理論」。馬斯洛認為人的需求如欲望是多種多樣，具有全面性和複雜性的，歸納起來有五個層次：

- 生理需求，這是人類最原始、最基本的需要，包括吃、睡、性及其他生理機能的需求；
- 安全需求。包括工作、身體、老年生活的安全保障，要求生命財產不受損害；
- 愛與歸屬需求，也叫社交需求。指希望親友、同事關係融洽，希望自己歸屬到某個群體或集團，或為其中一個吶喊，有所依靠，得到照顧；
- 尊重需求。人人都希望自己的個性、能力和成就得到別人的尊重和讚賞，得到社會的承認；
- 自我實現的需求。希望實現自我的理想和抱負，最大限

第二步　口才實況大作戰

度地發揮個人的才智,得到全面而自由的發展。對尊重需要的滿足程度,決定自信心和自我價值感的程度。因此,對他人的尊重和讚美也許是微小的,但取得的效果卻是巨大的。

曾有心理學家做過這樣一個實驗:他們從一班大學生裡挑出一個最平庸自卑,最不討人喜歡的女孩,特意安排她的同學對她改變看法,對她表示喜愛和讚美。於是,從這天起這個女孩周圍充滿了讚美和熱心的幫助。有人誇她,有人說她心靈手巧,有人送她禮物,有人每天與她一起回家……奇蹟發生了,一個月以後,這個原本默默無聞、自卑感很強的女孩變得活潑開朗,有說有笑,她的課業成績和儀態風度和以前比也大有改善,像是換了個人。

讚美和鼓勵就有這樣的魔力,只要你懂得一個人最需要什麼。

如上面的那個女孩,她以前是那麼卑微、膽怯,這樣的人需要、渴望別人的理解和尊重,那麼是否人人都渴望得到尊重?一個位高權重、不可一世的人呢?

這樣的人同樣也需要,並且會時常為之感動,除了那些每月總在他左右極盡奉承的人。

在日本歷史上曾任攝政大臣的豐臣秀吉,權傾一時,不

Day5　讚美他人：三言兩語心花怒放

可一世。這樣的人還需要別人的關懷嗎？然而以下這件事就展現出他與一般人同樣的心理需求：

有一年，他聽說松茸大豐收，便突然提出要親自去採松茸。但那時時令已過，哪還有松茸的影子。家臣不得已，只有在他要去的那塊地前一天插上松茸。第二天秀吉來了，看到滿地松茸，不僅讚嘆道：「太好了！」這時，有位善於投機的家臣告訴他這些松茸都是臨時插上的。其他家臣得知有人告密，個個嚇得魂不附體，因為他們知道秀吉這個人對不忠誠他的人向來是嚴懲不貸的。但這次秀吉笑著說：「這是大家為了滿足我的願望才做的，是一片好心。好久沒見到這樣的松茸了，又勾起我對往昔農村生活的回憶，我很高興。」

看來，「大人物」也需要別人的關懷和讚美，並非都是不可一世的。而那些「小人物」，尤其是一些言行放蕩，不大正派的人，其實也需要尊重的。

幾個不三不四的人攔住了一個漂亮的女子，領頭的一伸手摘掉了女孩的帽子，顯然不懷好意。

女孩沒有破口大罵「色狼」，也沒有驚慌失措。而是冷靜地說：「你……喜歡我的帽子，是嗎？」

「當然，帽子和人一樣漂亮。」帶頭的戲弄道。

「那最好幫你的女朋友也買一頂。我想她戴上也會很漂亮。你不會隨意戲弄人的，對吧！」女孩沉著地說。

帶頭的臉有些臉紅：「當然，當然是。」

「那麼，你可要保護好她，省得帽子也被人摘去。」

「對對，這……還給妳。」這一群人灰溜溜地走了。

這位女孩擺脫了這群人的糾纏。因為她給予他們尊重，讓對方在沒丟臉時趕快收場。

因此，任何人都需要尊重，需要讚美，正如馬克‧吐溫所說：「一句美好的讚美話，能使我們不吃不喝活上兩個月。」

(4)細微處入手，潤物細無聲

了解他人的心理不僅要抓住對方大致的心理波動，而且要於細微之處下功夫，利用細小的刺激來影響特定情形下的心理，使讚美既收到「潤物細無聲」的效果，又有極強的針對性。

魅力表達：

不要以為好話人人都會講，「馬屁」萬一拍在馬腿上的話，只會自討沒趣呢！

2. 如何讚美成功的人

事業有成，也就是一位男士可以得到最多讚美的本錢。無論一位男士相貌有多醜陋或者性情有多怪癖，只要是事業有成之人士，他就有資格接受多種多樣的讚美，也會有不斷

Day5　讚美他人：三言兩語心花怒放

的讚美來左右他的生活。因此，讚美事業有成的男士是衡量你是否會讚美的基準。

說一個男人事業有成，那則表明此人一定有別於常人的洞察力、智力和認知自我等能力。他們比任何人都更了解自己，清醒地明白自己的長處與短處所在，也就能很清楚判斷你對他的讚美是否言過其實，有阿諛奉成之嫌，或是否真正像他本人所說的那樣對自己有一定的認識，而不是道聽塗說。面對這些情況，你要對事業有成的男人進行讚美，可能要處處小心了。

說到這裡可不要心懼恐慌，覺得還是少惹事為妙。其實，只要你抓準了機會，用對了方法，還是可以肆無忌彈地讚美他人的。關鍵就在於你要真正地了解到對方。

《孫子兵法》說：「知己知彼，百戰不殆。」正是這個道理。既然，對方事業有成你就要緊緊地咬住這一點，把他的業績、長處牢記在心，可以隨時都能用於談話中。給對方一種你對他很了解，對他的讚美是由心底而冒出來的感覺，自然會對你產生好感。而這時，你可千萬不要誇大其辭，這種人一般是很注意實事求是的。

除了讚美他的業績之外，你也可試試讚美此人的其他方面。事業有成之人，有很多在其他生活細節方面也很優秀的，只要你能抓住這一點，你就比其他讚美他的人有優勢多了。畢竟屢聽不鮮的稱讚是很難長時間地吸引一個人的。創

第二步　口才實況大作戰

出新意，在其他意料外的方面讚美其人，肯定會有收益。

如讚美他的獨特本領。比如說他一工作起來就廢寢忘食，可以達到忘我的境界，或注意力非凡，過目不忘，還有預感能力強、判斷一個人的能力等等。這些超常人的能力，讓你點化一下再說，定會使對方興奮不已。

也可以讚美他的興趣、喜好、特長。如書法、畫畫、音樂、釣魚、收藏、旅行等等，這些都能成為你讚美的話題。正因為這些純屬個人的愛好，也就會受此人絕對的關心與興趣，又怎會不注意到你呢。

還可以稱讚他的性情品格。看他是否富於同情心，責任心，是否意志堅強，性格果敢，是否有進取心，好勝心，這些也都可進行讚美。因為男人是十分重視這種人生價值或對精神世界的昇華需求的。

他的私人生活，如妻子、孩子、家庭也是進行讚美的好對象。一般都說「成家立業」，先「成家」，後「立業」，看來對一個男人來說，家庭的含義也是非常重要的。讚美他的妻子美麗漂亮、賢慧明理，讚美他的孩子聰明可愛，有前途都是常用的稱讚方法。

上述幾點，講的都是一些正當的，直接的讚美法。那麼，在稱讚一位事業有成的男人時可不可以使用間接的，不算十分正當的讚美法呢？當然也可以。

Day5　讚美他人：三言兩語心花怒放

就是前面也提到的俏皮話。要讚美的人事業非常忙，你可以誇他：「您真是太勞累了，總統都沒您忙呢。」等，若此人書法頗有成就，也可說：「咦，王羲之跟您比一下，肯定會自感不如。」等。

這些話雖略帶有拍馬屁的性質，但也不能不承認會使對方十分開心。因為諸如此類的話，並不給人一種很虛假的感覺，讓人第一個想到的就是他在讚美自己。

第二種方法就是投其所好。經常與對方講關於他的事業方面的話題，問問近況如何，運作怎樣，有何前途等等。提起對方的濃烈興趣達到不言而讚的目的。而且只要是有關對方事業的就不要太堅持自己的觀點，要做到妥協讓步。讓對方產生自我滿足感，也是你間接讚美的成效了。

還有種方法就是要不斷請教。若是在對方說話時，你也時不時插上一兩句，佯裝自己也很明白，不比對方差，弄不好會讓對方覺得你是在向他示威。多多請教對方，讓對方多多指點自己，在二人認識的對比中突出對方的優勢，滿足對方的成就感，便是對你又一次讚美成功的表現了。

要讚美事業成功的男人並不難。既然他已經有事業有成這一先提條件，你就不怕無話可讚。

上面已經講了多種直接讚美法和間接讚美法，還有要讚美的範圍，大家不妨借鑑一下。

第二步　口才實況大作戰

魅力表達：

該出口時就出口，讚美他人有何錯？

3. 怎樣讚美自負的人

何為自負？就是自己絕對地相信自己，認為自己絕對有能力？有資格得到他人的稱讚。自負，也可稱之為虛榮心，虛榮心是在他人的評價中得到滿足的。而男人，正是喜歡自負、願意自負。因此，他們也及其渴望時時刻刻都得到他人的讚賞。

自負的男人經常對他人對自己的讚賞表現出很不屑的樣子。認為這樣才更能表現自己的真正能力，才更夠酷。他們認為自己就是那麼的優秀，別人就是應該稱讚自己，而自己所獲得的多少稱讚都是理所當然。自負的男人總覺得別人都不如自己，自己說的，做的都是對的，因而也就需要別人及時的附合，即稱讚。

正因為一個自負的男人有這樣的思想、心態，這可給我們讚美別人時帶來了很多的不便，自負的男人正是因為本身有可自負的條件才自負的，所以他們的確會有他的過人之處。然而，自負的心態會使他們內心的成就感遠遠超出了自己本身實際的成就。而他們又偏偏看不清這一點，總想使人們依照自己心裡的天秤來衡量自己。而當你在讚美他時，即使滿足了他的

虛榮心，也只會得到他不屑一顧的表情，認為別人就是應該迎合他，自己沒被打動不說，還會傷害到讚美人的自尊心。

因此，在你要讚美一個自負的男人時千萬不要張口就誇，沒有考慮到前因後果，一定要經過你的深思熟慮，用詞恰當。不僅要有高度的深度，深刻的見解，還要有絕對的說服力、震撼力。

讚美自負的男人，目的不僅在於要取悅他要他對你產生好感，更重要的是要征服他，從而從他那學到你所不知道的，增長你的知識面。也讓對方了解到自己同樣也有這份能力，不必在自己面前太過驕傲。

先舉個例子看看。甲是某公司高管，他有個愛好就是中國畫，他的國畫得過許多大獎，在市內展覽館屢屢展出。也得到許多人的好評，在機關內聲望頗高。這就使甲越來越自滿，開始還對稱讚他的人點頭一笑，現在卻理都不理。某一次，他在工作之餘，又揮筆畫了一幅畫，主要背景是一棵樹，以及一隻孔雀。大家對色彩鮮豔，栩栩如生的孔雀讚不絕口，甲卻不以為然，自顧自的擺弄著筆絕。這時乙走出來，說了句：「孔雀畫得固然是漂亮，但是最關鍵的還是樹畫的棒，襯出孔雀的美麗。」聽了這話，甲頓時一愣，定眼看了看乙，說：「你算看懂了。」以後二人也成了好朋友，甲每次畫完畫都主動拿給乙看，乙也把自己的觀點一一發表出

第二步　口才實況大作戰

來,之後同事們都說只有乙的話甲才肯聽。

其實,乙也不一定會畫中國畫,關鍵就是他有很好的鑑賞力。他在讚美時往往能切中要害,無論是好壞,他總能找出它好在哪裡,它壞在哪裡,這樣就與對方產生了共鳴。對方把你當成他的知己,覺得只有你才夠了解他,才有資格評價他的東西,而在你的評價中他能獲得更多的滿足感,取得更大的進步。他會認為你與他同樣的優秀,也會對你進行讚美,這種情況下你不僅成功地獲取了對方的好感,也獲取了相應的讚美,你的目的不是達到了嗎?

上面講到的那種讚美方式,完全脫離了阿諛奉承的形式,既沒有貶低自己來提高對方的身分,也沒有誇大其實地昧著良心去稱讚一個人。對方對你的看法不是覺得你很庸俗,而是覺得你很有品味。相應的,有時貶抑也會得到這種效果。

但要切記,貶抑對方時千萬不要太過火,不要刺到自負的人最感到自傲的那一方面,不然結局可就不堪設想了。

另外,讚美自負的人還有一種方法。就是在前節裡談到的用其他人沒有發覺到的優點來進行讚美。前面也提到自負的男人心裡的成就感往往高於實際的成就,所以他們希望別人能多多地發現出自己的優點,甚至是自己也沒發掘到的。

某大學生張君是校園裡出了名的「歌星」。每次晚會或娛樂活動都少不了他出來亮亮嗓子,有不少的「歌迷」擁護

著他,甚是得意。在一次野餐會上,他又成功地唱完了一首歌,迎來了一片喝采聲。回到觀眾席後,一個學弟對他說:「學長,你跳舞也很棒吧?剛才看你搖身子的姿勢,覺得你肯定也很會跳舞。」張君聽了自然很高興,就故作謙虛地說自己並不會跳舞,只會唱唱歌而已。這時,這位學弟馬上轉換話題說:「對呀,您的歌喉真是不錯,有空教教我吧。」張君欣然答應。這位學弟也就順利達到了「拜師」的目的。

但每事都有他的不同之處。你在誇讚一人時一定要根據不同人的不同特點。不能盲目稱讚,不然弄不好會適得其反。如一個人打籃球本來很差,但你偏要說他打得像喬丹就不好了。即使他是很自負的人也會感到你的話是在譏諷他。

魅力表達:

自負的人本來就傲,再讚賞人一下,豈不令他更傲?這就得看你的本領了,能令自負的人服你,你的讚賞術也就學到「家」了。

4. 博紅顏一笑

人,因人而異。女人也不例外。因為受著家庭背景、受教育程度、人生經歷等外界環境的影響,她們會有不同的性

第二步　口才實況大作戰

格、愛好、品味。也就對每個事物的看法不同、重視程度不同。不同的女性因為對各種事物重視情況不同,這就需要你對不同的女人進行不同的讚美。然而,女性又作為一個整體,根據世界是普遍連繫的原理,她們之間必然有著天性上的共同點。

只要知道其共同點是什麼,抓住這個共同點進行讚美就可以了。那麼,這些共同點都是些什麼呢?我們可以大致分為容貌、修養、性格、能力四方面。

只要是女人她必定愛美,愛美是女人的天分。她們喜歡美麗的環境、美麗的事物。如見到美麗的風景會驚嘆不已,見到漂亮的蝴蝶又或者是可愛的飾品會愛不釋手。由此,也總是希望自己在別人的眼中同樣也是美麗照人的。

當然,女人的確是美麗的。無論是先天還是後天,她總有她的美麗之處。先天之美首推容貌,然後有皮膚、頭髮、身材等等;後天之美首推服飾、然後有化妝、首飾等等。沒有一個女人不喜歡別人讚她漂亮,她們認為只要漂亮就擁有了征服世界的本錢,從而對未來充滿了希望。

切記,男人眼裡的女人應當是總有美麗動人之處的。或者是眼睛大而明亮,或者是皮膚光滑細膩,或者是頭髮烏黑亮澤,又或者是身材阿娜多姿,還有服裝新潮得體,再加笑容燦爛迷人,這些都能成為你讚美的對象。對一個女人而

Day5　讚美他人：三言兩語心花怒放

言，她不可能沒有一點優點，她的舉止，她的氣質都可能有吸引人之處。只要你善於去發掘她，去捕捉她，並讚美她，定能取得女人的賞識與青睞。

讚美一個女人的漂亮也有很多的學問。一般的女性不管多美，對自己都會有所懷疑，對一些小小的問題也會耿耿於懷，自卑不已。所以要讚一個女人漂亮時，不要用太過籠統的詞，如「妳很美麗」、「妳很漂亮」等。最好是選出一些具體的地方，用「妳身材真棒」、「聲音真迷人」等等比較好。

當然，要是對方是一個真正的美女，那麼就另當別論了。還有要注意的是女人總不會希望只有你一人讚美她漂亮，她們希望大眾都讚美她，從而十分在意別人在背地裡如何評價她。所以，你在讚美一個女人時，說：「聽別人說妳非常迷人，今天見來果真名不虛傳。」或「聽同事說這裡來了位俏佳人，我猜得沒錯的話就是妳吧？」這些用語，肯定能讓女人心花怒放。

現在談一談女人的修養問題。有很多女人，她們雖然外表漂亮，卻在日常生活中表現出毫無修養，俗不可耐。沒有內涵的女人是不可愛的，即使因漂亮受到過不少稱讚，但時間一久這種讚美就會逐漸減退，不能經長時間的考驗。因此，對一個女人而言對他修養的讚美也是非常重要的。因為女人本身也了解這一點，從而覺得這個男人有思想、有深度。

第二步　口才實況大作戰

　　下面再談一談女人的性格。通常女人的性格中最值得稱讚的就是善解人意。女人憑自己敏銳的直覺，能察覺出男人的心理活動，從而做出適當的反應，或是行動上的或是語言上的，男人從而得到感情上的安慰就心安理得地成為女人的「俘虜」。因此，女人們都以此為榮，也都認為只有做到善解人意就能展現女人對男人的價值。所以，多讚一個女性善解人意吧。她一定會十分高興。

　　除了這個之外，你也可讚她溫柔、活潑、熱情等諸如此類的話。

　　而現時代注重個性，誇讚一個女人有個性已成了一種時尚。固執的性格可當人有個性來讚，孤傲的性格也可以有個性來讚，像男人一樣不拘小節，有些潑辣的女性也能用有個性來讚。只要是稍稍區別於大眾的性格，你用個性二字來讚她，無論是哪種女性，她都會覺得你這個人很有品味。

　　最後呢，該談一談女人的能力了。現代社會，在各種事業中女人都表現出了她非凡的能力。她們不僅能把自己分內的事完成得十分得體，還會憑她們細心的洞察力去發掘工作中出現的問題，把各部門的事情都安排的十分妥當，有時的工作能力大大地超越了男性。而女人在取得很大的成就時，她是需要被這個社會所肯定的。她們希望這個社會能認同自己，肯定自己的能力，也希望在男人眼中她們不再是處處依

Day5　讚美他人：三言兩語心花怒放

附於男人。而是能夠獨當一面，把事情處理得完好無瑕。於是，她們就需要男人的讚美，希望自己所做到的，也同樣得到了男人的認同與賞識。如果你是她的老闆、上司，或者同事，甚至是下屬，你可千萬別忽視她的業績，常常激勵她、讚美她、換取她更大的工作積極性吧。

除此之外，生活中女人們的能力也值得你讚賞。日常家務，如煮飯做菜，收拾房間，照顧孩子，這些雖是一些細小得不能再細小的事情，但都能表現出女人的動手能力，審美能力，教育能力。只要你在日常生活中也不忘記讚美一下女性，你定會得到女性們一致的好評。

魅力表達：

都說「男追女隔層山，女追男隔層紗」，其實女孩有什麼難追的呢？只要多博紅顏幾笑，你可能就得到其心的暗許了。

5. 春風得意，錦上添花

很多人在事業有成，春風得意的時候，更喜歡聽到讚美的話語，但是如何去讚美一個正春風得意的人呢？說好了是錦上添花，說不好就是阿諛奉承了。

第二步　口才實況大作戰

一般來說，異性之間的讚美會更有力度，更使人有成就感，尤其是女人的青睞、好感、稱讚，會使男人產生極大的價值感。同樣的話，他們會更樂於從女人的嘴裡聽到。對男人來說，事業順利，生意興隆，職位升遷，有社會地位，有名譽，有鮮花和掌聲往往意味著他們在男性世界中的成功，這是最基本的，可大多數男人更看重他們在女人眼中的地位，因為這也意味著他們在女性世界中的地位，這是一件讓人興奮又愉快的事情。

可是不管一個男人有多成功，多得意，他內心最深處最渴望的還是別人的理解和關懷。一般的理解和關懷都是無可厚非的，可一定要注意把握「度」的原則，過猶不及，說得太誇張、太過分，太直白了，就會被人當成追逐名利，愛慕虛榮的女人，會成為男人心底討厭的勢利女人。因此，即使是讚美，也要掌握分寸，通常如果從以下幾個方面入手來讚美別人，是比較容易被接受，而且會收到預其效果的。

1. 在讚美人的同時，注意表達關心與體貼，關心與體貼是女人善良天性的表現，也是女人細膩溫柔的展現，女人的關心，有如拂面而過的柔和的春風，又如沁人心脾的淡淡花香，會在不知不覺中悄悄滲入男人的心靈之中，融入他們的心懷。男人們最喜歡的是那種會關心、會體貼、善解人意的女人，女人的關心和溫柔會讓男人從心底感激和欣賞。

Day5　讚美他人：三言兩語心花怒放

曾有人這樣讚美過別人：

「張老師，您那本書寫得真好，沒少花工夫吧，您可得注意休息了，瞧您現在比以前瘦多了。」

「劉總，這麼大的工程，您一個人就搞定了，可真了不起，不過您可要注意身體呀，別光為了工作，累壞了自己。」

「趙哥，你把那件事談成了？怎麼談的？以後您可得教教我，我要拜您為師，向您學藝。」

這些又溫馨又充滿敬仰與關切的語句，怎麼能讓男人不動心，不打心底感激，不視女人為自己的好友呢？

2. 在讚美男人的時候，恰當地表達出崇拜的思想，不管男人還是女人，都希望有人崇拜自己，都希望被人用尊敬、仰視的眼光看待，這也是人之常情，被人崇拜是無法拒絕的，這崇拜意味著對「自我」的肯定，是一種人生價值的展現，對一個春風得意的人來說，他最自豪的是「自我」，也就是他的成功之源。

3. 別忘了在讚美的同時予以鼓勵，一個女人鼓勵一個男士，既是對他過去成熟的肯定，對他以前創業生涯的一種肯定，又是對他未來充滿信心的一種表現。人在任何情況下都是希望有支持和鼓勵的，人不僅對自己有信心，更需要別人對自己有信心。現在的社會，競爭這麼大，壓力那麼大，成功中碰到的牽絆也越來越多，一個

第二步 口才實況大作戰

成功的，春風得意的男士，即使在一定程度上達到了自我價值的展現，但也還是需要鼓勵的，尤其需要別人對他有信心。

還有一些男士，春風得意的時候，往往會在別人的一片頌揚聲中沾沾自喜，自高自大，忘乎所以，而女性的委婉的激勵，有時就像一劑良藥，給頭昏腦熱的春風得意者一點不動聲色的提醒，進一步激發起他的冷靜和投入下一次競爭的熱情。

鼓勵對方其實就是替對方著想，期待對方有更大的成就，聰明的男士會認為妳是他真正的朋友，而不是那種愛慕虛榮的小女人，因此他也會把你當朋友來看待。

在讚美一個春風得意的男士的時候，有一點特別忌諱的是，不要當這位男士的面大肆指責他的競爭對手，這樣做也許當時能讓這位春風得意的男士十分高興，但過後，他就會清楚地意識到這種以貶低一個人來襯托另一個人的手法是多麼的笨拙，並且讓人感到的只是巴結和恭維，所以，建議那些想要在錦上添花的朋友，一定注意，添花要小心，要掌握好分寸，不要鬧出笑話來，反而遭人反感。

魅力表達：

「錦上添花」固然好，但可別成為一個人人厭的馬屁精喲！

Day6　批評不翻車：優雅吐槽指南

第二步　口才實況大作戰

1. 打一巴掌不忘揉三揉

指出別人的缺點，因可能與對方意思相違而傷害到對方，又怕對方態度蠻橫傷及自己，這時，需要用讚美的話語做中和劑，令對方反駁不是，發怒也不是，批評的有理有據，令其心悅誠服地接受。

首先必須設想一個限度，否則你的忠告也許會適得其反。當你要指出別人的缺點時，必須先認識到人類的脆弱及不完美，且抱持著自我反省的心態。而且要抱持著與對方一同背負過失的謙虛態度，讓對方發覺自己的缺點和錯誤。其次，為了免於引起對方的反抗心理，必須要事先準備些讚美的話，在批評他人之前，先將這副「靈丹妙藥」給對方服下，然後再轉入正題。當對方因你指出的缺點或難過或難以接受時，讚美就起了很大的中和作用。

我們經常有一些歌唱比賽、辯論賽。在專家評論時，他們經常用這幾乎是無往不勝的妙招：先指出選手的優點，然後再根據具體情況指出不是。比如對方是名歌手，就先指出他音質不錯，臺上表演力很強，再指出他缺乏經驗，細節處處理不夠好；如果對方是位辯手，可以先讚美他頭腦靈活，才思敏捷，再指出他的一些失誤。不僅是在這些比賽，在談判桌前，在工作中，在生活中，在一切與人相處中都會用得著這一招「先揚後抑」法。老師為了不打擊學生的自信心和

Day6　批評不翻車：優雅吐槽指南

學習積極性，總會先分析這位學生的優點，進步的地方，然後再慢慢道出他的不足之處。這種方法使人在心理上能夠接受，面子上也過得去。既達到目的，又保住自己而不傷害別人，何樂而不為呢？

某辦公室主任有一天一大早見到他的一位女性行政人員，便誇她，「妳今天穿這身衣服很漂亮，更顯年輕美麗了。」那位行政人員聽了受寵若驚，很高興。這位主任又不急不忙地接著說：「可是，我說這句話的目的，不僅是要妳心裡高興，還希望妳今後打字的時候多注意一下標點符號唷！」

這位主任的話未免太露，但方法值得效仿。就像一種很苦的藥丸，外面裹上糖衣，先讓人感到甜味，容易一下子吞到肚裡。於是藥物進入腸胃，藥性再發生作用。病人既不會感到藥苦，難以下嚥，又把病治好了。如果主任直截了當指出，「注意標點符號」，那位行政人員可能會覺得羞愧、難過，難以接受，或者還要反駁幾句。這樣，主任的規勸就失去了效果，還可能引起下屬的不滿，令雙方不愉快。

魅力表達：

在講究說話藝術的今天，良藥未必苦口，批評也要講究方法，不顧時間、地點、對方心理，直接了當、劈頭劈臉的一陣冷言惡語，達不到批評的目

的，反而會適得其反，學會和風細語地指出別人的錯誤和缺點，好處多多！

2. 釜底抽薪，批評有術

人人都喜歡表揚、稱讚，批評總是令人難堪的。但是「人非聖賢，熟能無過？」如果我們發現別人的錯誤而不能指出，甚至還要隨聲附和，那會是件多麼令人難過，不安的事情。

因此，要擺脫「說」還是「不說」這種左右為難的尷尬局面，需要掌握批評的技巧，批評是交際中最難把握的一種表達方式。要考慮時間、地點、對象等多種複雜因素，其宗旨是要照顧對方的自尊心，力求不傷害對方。

我們經常會看到這樣的場面：一位主管不分場合對其下屬大聲斥責，以為這樣就可以樹立威信，下屬才會服從他；一位家長不顧孩子的感受嘮嘮叨叨不停指責孩子的缺點，以為這就是對他們的愛；一位老師一臉嚴肅在學生的考卷上指指點點，厲聲訓斥，以為這樣他就會發憤學習；同事之間、鄰里之間、朋友之間不顧方式地指責對方的缺點、過失。他們的作法對嗎？且不評判，看一下實際效果吧！這種批評方式往往事與願違，即使對方感到自己的錯誤，也會強詞奪理，甚至拂袖而去，弄得不歡而散。

Day6　批評不翻車：優雅吐槽指南

如果我們換一種方式，私下與其交換意見，委婉表達自己的想法，並與他擺事實，講道理，分析利弊，他就會心悅誠服，真正接受你的批評和幫助。

可見，批評的方法是關鍵，方法不同，效果當然也不同。批評成功的條件，基本概括起來有三條：一是心；二是徹底、中肯的分析；三是運用恰當的批評方式。下面具體學習一下批評的方式吧！

①啟發式。要使對方從根本、從內心意識到自己的錯誤，需要批評者從深處挖掘錯誤的原因，曉之以理，動之以情，循循善誘，幫助他理解、改正錯誤。

②幽默式。幽默式批評就是在批評過程中，使用富有哲理的故事、雙關語、形象的比喻等，以此緩解批評時緊張的情緒，啟發批評者思考，從而增進相互間的感情交流，使批評不但達到教育對方的目的，同時也創造出輕鬆愉快的氣氛。

伏爾泰曾有一位僕人，有些懶惰。一天伏爾泰請他把鞋子拿過來。鞋子拿來了，但布滿汙泥。

於是伏爾泰問道：「你早上怎麼不把它擦乾淨呢？」「用不著，先生。路上盡是汙泥，兩個小時以後，您的鞋子又要和現在的一樣髒了。」

伏爾泰沒有講話，微笑著走出門去。僕人趕忙追上說：「先生慢走！鑰匙呢？食櫥上的鑰匙，我還要吃午飯呢。」

第二步　口才實況大作戰

「我的朋友,還吃什麼午飯。反正兩小時以後你又將和現在一樣餓嘛。」

伏爾泰巧用幽默的話語,批評了僕人的懶惰。如果他厲聲喝罵,命令他,則就不會有這麼好的效果了。

③警告式。如果對方犯的不是原則性的錯誤,或者不是正在犯錯的現場,我們就沒有必要「真槍實彈」地對其進行批評。可以用溫和的話語,只點明問題。或者是用某些事物對比、影射,做到點到為止,達到警告的目的。

春秋時期,秦國準備襲擊鄭國,走到魏國時,這個消息被鄭國的商人弦高知道了。弦高原打算到周圍做買賣,但他不忍自己國家蒙受損失,但打算勸秦國主將改變主意。

弦高如果以硬對硬,肯定會適得其反。於是他帶了千張熟牛皮,趕了百頭牛作禮物,犒賞秦軍。

他故作恭敬地說:「國君已經聽說您將行軍經過敝國,已準備好糧草招待。還特地派我來犒勞您的隨從。」

秦將一聽這話便了解到鄭國已對他們有所防備,不易攻擊。便打消了攻擊鄭國的念頭。

弦高「釜底抽薪」對秦國的警告收到了最佳的效果,即未動一兵一卒,又保全了自己的國家。

警告式的批評在這裡發揮了極大的作用。但如果對方自我意識差,依賴性強,不點不破,不明說不行,則可以用嚴肅的態度、較尖銳的語言直接警告他。

④委婉式。委婉式批評也稱間接批評。一般採用間接的方法,聲東擊西,讓被批評者有一個思考的餘地。其特點是含蓄蘊藉,不傷被批評者的自尊心。

有一次宴會上,一位肥胖出奇的夫人坐在身材瘦小的蕭伯納旁邊,帶著嬌媚的笑容問大作家:「親愛的大作家,你知道防止肥胖有什麼辦法嗎?」蕭伯納鄭重地對她說:「有一個辦法我是知道的,但是我怎麼想也無法把這個詞翻譯給妳聽,因為『工作』這個詞對妳來說是外國話呀!」

蕭伯納這種含蓄委婉,柔中帶剛的批評方式,效果極強。

總之,批評的方法應以教育為主,用事實教育人,用道理開導人,用後果提醒人,從而使對方心悅誠服地接受批評。

魅力表達:

釜底抽薪,柔中帶剛,明者自明,不明時,再直接向他說明,還是人聰明!

3. 忠言逆耳利於行

人常說批評是「忠言逆耳」,卻是「利於行」的。其實批評自己的人,一般都是真心對待自己,希望自己能改正缺點,朝著好的方面發展的,對被批評者可謂是一片坦誠。

第二步　口才實況大作戰

可以說，人的一生是在批評中長大，成熟起來的。當一個人還是小孩子的時候，父母、家人透過批評來告訴他們，什麼是對的，什麼是該做的。回想一下我們的童年，誰不曾常聽到這樣的批評：「不要把手放在嘴裡，很髒。」「吃飯前怎麼不洗手？」「你太調皮了，真不聽話。」而長大一些又會聽到諸如「不要只關心自己，要關心一下別人」、「別老是遲到」等等來自老師、同學、家長的批評。幾乎沒有人能做到從不批評別人，也幾乎沒有人會從不受到別人的批評。

批評是能使人更加成熟和完善的良方，是使人成功的階梯。從批評中可以認識到自己的缺點、錯誤，從而修正自己的言行、思想，慢慢形成自己正確的處世方法和對待生活的態度，而若視批評為別人對自己的諷刺、打擊，一聽就如坐針氈、暴跳如雷，則無論如何也是無法進步的了。

從前，郭國的國君出逃在外，他對為他駕車的人說：「我渴了，想喝水。」車夫把清酒獻上。又說：「我餓了，想吃東西。」車夫又送上乾肉和乾糧。

郭君問：「你怎麼準備的？」

車夫回答：「我儲存的。」

又問：「你為什麼要存這些東西？」

車夫又回答：「為您出逃路上充飢解渴呀！」

又問：「你知道我將要出逃嗎？」

Day6　批評不翻車：優雅吐槽指南

車夫說：「是的。」

「那你為什麼不事先提醒我呢？」

車夫回答說：「因為您喜歡別人說奉承話，卻討厭人家說真話。我想過規勸您，又怕自己比郭國滅亡得更早，所以我沒有勸您。」

郭君一聽變了臉色，生氣地問：「我所以落到出逃的地步，到底是為什麼呢？」

車夫見狀，連忙轉變了話題，說：「您流落在外，是因為您太有德了。」

郭君聽後又問：「有德之人卻不被國人收留而流落在外，這是為什麼呢？」

車夫回答說：「天下沒有有德之人，只有您一個人有德，所以才出逃在外啊！」

郭君聽後喜不自禁，趴在車前橫木上笑起來，說：「哎呀，有德之人怎麼受這等苦啊？」他覺得全身勞累，就枕著車夫的腿睡著了。

車夫用乾糧墊在郭君頭下，自己悄悄地走了。後來，郭君死在田野裡，被虎狼吃掉了。

郭君在窮途末路之時，仍不能體會對自己忠心耿耿的車夫的一片赤誠之心，仍改不掉喜歡聽奉承話的毛病，由此可知，他的失敗不是偶然的了。

不過有良苦的用心還需有用心良苦的表現，讓對方知道

第二步　口才實況大作戰

批評者實際是打心眼裡欣賞自己，喜歡自己，支持自己或是為了自己著想的等等，才能讓對方心悅誠服地接受批評。所以批評者首先就要考慮，該批評是否是於對方有益的，能否讓被批評者相信按照批評語的要求改進之後，於自身有益。

不能誘之以「利益」的批評，會使被批評的人覺得自己改正行為是為了批評者的利益。於是對批評會有更多的牴觸情緒，使原本的一片好心也因方法不當而遭人誤會。

就心理學而言，一個批評與被批評的過程是批評者與被批評者在思想、感情上的相互交流與認同的過程。人在批評過程中越是尊重、理解對方的處境，就越能夠獲得對方對自己批評意見的重視與接受。在發表批評意見時，尊重使人懂得愛護他人的自尊心，維護其面子，不出語傷人，不逞口舌之快；理解使人學會設身處地地去替別人思考問題，講話不自以為是，不強加於人。在接受批評意見中，尊重使人竭力認同別人批評意見中的有益部分，並予以積極的肯定。人們越是能夠尊重理解人，就能越能夠冷靜，客觀地面對別人的批評意見。從此意義上講，尊重、理解是使忠言不逆耳，聞過不動怒的轉化條件。

師經是魏國宮廷裡的一位琴師，經常為魏文侯彈琴。

一天，師經彈琴，魏文侯隨著樂曲跳起了舞，並且高聲說道：「我的話別人不能違背。」

Day6　批評不翻車：優雅吐槽指南

師經拿起琴去打魏文侯，沒有打中，卻把帽子上的穗子撞斷了。文侯問手下人說：「身為人臣卻去打他的國君，應該處以什麼樣的刑罰？」

文侯手下的人說：「應該燒死他。」於是把師經帶到堂下的臺階上等候。

師經說：「我想在死之前說一句話，可以嗎？」

文侯說：「可以。」

師經說：「以前堯舜作國君時，只怕他講的話沒有人反對；桀紂作國君時，只怕他講的話遭到別人的反對。我打的是桀紂，不是我的國君。」

文侯聽後，說：「放了他吧！這是我的過錯。把琴掛在城門上，用它作我的符信；不要修補帽子上的穗子，用它來時常告誡我自己。」

正是師經從文侯的長久統治來考慮，批評文侯不該學桀紂獨斷專行；而文侯也從批評中聽出這是文師對自己的忠心與關懷，所以才能最終將逆耳忠言接納下來，並免了師經的死罪。

魅力表達：

俗話說：「禍從口出，病從口入。」口可出「禍」，也可救命，萬萬不可看口舌之利啊！

4. 批評的藝術：簡明扼要與有效溝通

晏子是齊國一位善諫的大臣。晏子死了十七年後，齊景公有一次請大夫們喝酒。景公射箭射到了靶子外面，滿屋子的人卻眾口一詞地稱讚他。景公聽後變了臉色，並嘆了口氣，把弓丟在一旁。

這時，弦章進來了。景公說：「弦章，自從我失去晏子到現在已經有十七年了，從來沒有聽到別人對我過失的批評。今天我射箭到了靶子外，他們卻眾口一詞讚美我。」

弦章說：「這是那些大臣的不好。他們本身素養不高，所以看不到國君哪些地方不好；他們勇氣不夠，所以不敢冒犯國君的尊嚴。但是，您應該注意一點，我聽說：『國君喜歡的衣服，大臣就會拿來替他穿上；國君喜歡的食物，大臣就會送給他吃。』像尺蠖這種蟲子，吃了黃顏色的東西，牠的身體就要變黃，吃了綠顏色的東西，牠的身體就要變綠，作為國君大概總會有人說奉承話吧！」

弦章的話在景公聽來頗有道理，明白了奉承者不過是投自己所好，如果自己對奉承話深惡痛絕的話，就很少會有人來自討苦吃了。弦章雖未直接進一步批評景公喜歡聽奉承話才造成如此局面，但景公已深刻領悟到了這一點，事實上，若弦章再畫蛇添足地批評景公一番，效果反而不會有僅點到為止好。

當人們發表批評意見時，還要注意不要滔滔不絕講個不

Day6　批評不翻車：優雅吐槽指南

停，使當事人沒有時間與機會來思考你所提出的意見。這種言語囉嗦的行為，不僅沖淡了主題，而且也是對當事人不尊重的表現，是值得人們重視的。

在心理諮商當中，諮商師常常在講話中有意地停頓幾秒鐘，以觀察對方是否有話要說。同時，他還會不斷地運用沉默來暗示對方思考自己講過的話，並提出問題。這種手段不單給諮商者充分說話和思考的機會，還可促進諮商師與諮商者之間的相互共鳴和理解。

卡內基把說話囉嗦當作影響人們接受批評意見的因素之一。他指出：「我們每說一句話，都應顯示出其說話的價值與力量。沒有力量的話就是沒有價值的話，等於沒說一樣。不能達到說話目的，那就是廢話，廢話就意味著囉嗦。所以，批評的藝術還在於言語簡明扼要，給人豐富的聯想。反之，話講得多了，會造成相反的作用，對方會對你產生反感，反倒產生事與願違的結果。這就是『物極必反』的道理。」

發表批評意見，還應忌擴大事端，將一些不相關的事情也扯進來，使得當事人越聽越不耐煩，增加其對批評的牴觸情緒，特別是對於要面子的人，在發表批評意見時不斷擴大批評範圍，無疑是逼他不認同批評意見。

在日常生活中，夫妻之間、父母子女之間常見的問題就是嘮叨。本來是出於對彼此的愛與關心，但因其不是就事論

事,而是一件事做錯了,將其以前做錯的也牽扯進來,進行一番批評,使得對方不但不能心甘情願地接受當前的批評,反而還不得不為自己以前的行為進行辯護。

就心理學而言,在批評當中擴大事端,等於改變兩個人原有的認知對象及其認同條件。這正如前面舉例中說明的那樣:當丈夫因一天不做家事而受到妻子指責他從來不做家務事時,他會本能加以反駁,因為其批評話題已產生了本質性變化,即雙方認同的基礎已不是談論今天這一具體事件,而是把以前所有錯或不錯的事合在一起,難怪丈夫會感到委屈不服了。

另外,一個過錯進行一次批評。要想對一個已知過錯引起注意,一次提醒就足夠了。批評兩次完全沒有必要,若多一次就成了嘮叨了。如果總把過去的錯誤翻出來並嘮嘮叨叨地沒個完,對於批評者來說完全是愚蠢和無效的。

魅力表達:

「妙語精言,不以多為貴」,批評人,話不在多,而在精妙,所謂「言貴精當」,言語精練,往往能一語中的,使聽者在較短的時間裡獲得較多的資訊;一語道破,使對方為之振動,幡然醒悟,如果拖泥帶水,東扯西扯,反而使人不得要領,讓人不知所云,甚至產生急躁情緒,也就達不到批評的目的了。

5. 恰到好處，妙處生花

戰國時，秦國攻趙，趙國向齊國求援。齊國要趙國送太后的小兒子長安君為人質，方肯發兵。但趙太后執意不肯，雖然滿朝文武都極力勸諫，仍無濟於事。最後趙太后乾脆宣布：「誰要是再來勸我，我就吐他的臉。」

後來左師觸讋求見，太后知道他也是來規勸的，於是滿臉怒氣地等他來。觸讋慢慢地走到太后面前，請罪說：「我的腳有點毛病不能走快，因而好久沒有來看太后，卻心下惦念，故今特來拜望。」太后見此便說自己現在也得靠車行車。觸讋又問了太后飯量等其他一些情況，這段家常話使太后的怒容全消。之後，觸讋又求太后允許他的小兒子在王宮衛隊裡當一名衛士。太后滿口答應，並問觸讋兒子多大歲數了。觸讋答曰：十五歲，並說要在死之前為兒子安排好立身之處。太后見此便問男人是否也疼愛孩子。觸讋曰：比起女人有過之而無不及。太后笑著表示不可能。

此時，觸讋順便問太后疼愛燕后（趙太后之女）是否甚於長安君。太后答曰：比不上長安君。由此，觸讋強調說父母疼愛孩子應為他們的前程著想，並舉例說趙太后自己當年與燕后分別，難捨難分，依依惜別，但每次祭祖的時候，卻禱告讓燕后留在燕國，不要回來，以使其子女世世代代為燕王。講完這番話，觸讋反問太后：「您這樣做，不正是為燕后

第二步 口才實況大作戰

的長遠著想嗎?」太后點頭稱是。

接著,觸讋話鋒一轉,向太后道:自此三世之前,自趙國內大夫升諸侯以來,每一代國王的子孫凡是封侯的,其後期還有嗎?太后搖搖頭,觸讋又問:不光是趙國如此,其他子孫受封的後代還存在嗎?太后又搖搖頭,由此觸讋評論道:這是因為他們的地位顯貴卻沒有功勳,待遇優厚卻沒有功績所致。如今您給長安君以顯貴地位,膏腴之土,卻沒有給他為國立功的機會,這樣一旦太后不諱,長安君又何以使趙國自立呢?因此老臣認為你愛長安君卻沒有替他的長遠考慮,愛長安君不及愛燕后深。

至此,太后完全接受了觸讋的批評與勸說,便回答道:「好吧,就按你的意思辦吧。」之後為長安君準備了一百輛車子使齊,齊國隨即發兵救趙,從而退了秦國之軍。

在這一事例中,觸讋之所以能夠使趙太后改變初衷,同意將長安君送往齊國做人質,就在於他巧妙地運用了父母疼愛兒女的人之常情為契機,批評趙太后不為長安君的長遠著想,會因疼愛一時誤了一世。由於觸讋深刻地體會到趙太后愛子心切,於是從聊家常開始,請示太后將自己的小兒子安排在宮中當衛士,到評論太后愛燕后與長安君的差別,到最後建議愛長安君應使其有為國立功的機會,始終未探討送長安君質齊與退秦軍的利害關係,恰到好處地既順了太后的心

Day6　批評不翻車：優雅吐槽指南

意，又使太后接受了批評意見，不愧為忠言不逆耳的典範。

秦漢之際，劉邦率兵攻破函谷關，入咸陽，滅了秦朝。他進入秦朝皇宮，見宮室帷幕富麗堂皇，美女珍寶不計其數，於是流連忘返，想留在宮中，享受一下做皇帝的快樂。跟隨劉邦出身草莽的樊噲，知此，氣沖沖地責問：「沛公，你是想得天下，還是想當富家翁？此室中所有，皆秦所以亡天下也，沛公趕快回霸上，千萬別留在宮中。」劉邦聽了，大為反感，臉上露出不悅之色，不予理睬。不一會，張良也來對劉邦說：「只因秦王貪暴，不得人心，你才取得了今天的勝利，我們既然為天下除去暴君，理應以儉樸為本，現在剛進咸陽，若又像秦王一樣享樂，豈不等於助紂為虐？況且！良藥苦口利於病，忠言逆耳利於行，希望您能聽從樊噲的勸說。」他們終於說服劉邦還軍霸上，揭開了楚漢戰爭的序幕。

張良與樊噲同為批評劉邦，但因兩人說話的方式不同，而效果也大相逕庭。劉邦率先破秦入關，正功成名就，志得意滿之時，逆耳忠言是很難聽進去的。而出身草莽的樊噲全然沒有意識到這些，一陣反詰中含譏諷，令劉邦反感，故而對他的意見置之不理。而張良的批評則從分析秦為何滅亡和劉邦為何得勝入手，然後總結說明貪圖享樂的後果，最後再肯定了樊噲意見的合理性。張良的分析恰到好處地扣住了劉邦的心理狀況，強調劉邦所關心的成敗問題，再加上語氣委婉動聽，雖是批評意見，劉邦也欣然接受。

第二步　口才實況大作戰

《說苑·正諫》記載了這樣一個故事：

春秋時期，吳王準備攻打楚國，他知道這個計畫會遭到很多大臣的反對，於是對左右的人說：「誰要是對我攻打楚國發表反對意見，我就讓他去死。」因此很多大臣都不敢來指出這個計畫的錯誤：攻打楚國會給吳國帶來很大危害。吳王的宮廷近侍少孺子為了勸諫吳王，想了一個辦法。

一天，吳王早朝時發現少孺子渾身溼漉漉的，就問他是怎麼回事。少孺子說：「我帶了彈弓，在後花園閒逛，想打點飛鳥。突然我發現了一件讓我不能忘懷的事情：一隻蟬在樹上淒厲地鳴叫，喝著露水。蟬不知道有一隻螳螂正在牠的下方悄悄地向上爬，正想把牠作為自己的早餐呢！那螳螂伏屈著身子，張著足爪，沿著濃密的枝條，一步一步地接近了蟬。可螳螂哪裡知道，這時有一隻黃雀正藏在不遠的一根樹枝上，正要展翅飛來啄那隻螳螂！黃雀伸著脖子以為很快就可以將螳螂吃到嘴裡，哪裡會想到這時我正用彈弓瞄準牠，牠也完蛋了！這三個小東西，都是只顧前，不顧後，牠們的處境真是太危險了！……而我呢，則因為看到這麼精采的場面，時間久了，讓露水把衣服都沾溼了！」吳王聽了少孺子的話，心中猛然警醒，同時也明白了少孺子的一番用心良苦，於是決定放棄攻楚的計畫。

少孺子本來就是要批評吳王錯誤的計畫，但鑑於吳王的威嚴和其下的命令，不能直接進行批評，於是連用三種動物，比喻其做事只圖眼前利益，不知禍害就在後面，從而

使吳王醒悟，接受了他的批評。正是因為少孺子懂批評的藝術，將批評意見寓於故事中，才既保住了自己的性命，又進了忠言，可見恰到好處地運用批評之言，是能否達到批評效果的決定要素之。

魅力表達：

其實比小節前面的「點到為止，死海復生」都是告訴人們這樣一個道理：話多不如話少，話少不如話好。

6. 用事實來說話，蠻漢也得三低頭

有時候批評他人，無需迂迴曲折，繞山繞水地暗示一番，只需要用事實輕輕一點，就能夠達到效果，也不失為一個好方法。

一個病人在和醫生約定的時間準時到達，可是等了十五分鐘後醫生才到。他非常氣惱，覺得醫生這種不守信用的行為實在是無禮，他必須提出批評，否則心裡感到不平衡：自己受到了輕視，自尊心受到了傷害。於是他透過以下的方式來表達自己的批評意見。

他進入醫生辦公室後，先用手指了指手錶，然後冷笑了

第二步　口才實況大作戰

一聲說：「現在是兩點十五分。」醫生似乎沒明白他的意圖，敷衍說：「是嗎？」醫生的回答更激怒了這位病人，但他仍然說：「現在是兩點過一刻。」儘管他內心是非常憤怒，可是臉上仍保持平靜。他在克制自己，試圖用暗示讓醫生明白自己的意思。但醫生仍裝糊塗：「兩點過一刻又怎麼樣？」這下病人忍無可忍了，終於指出了醫生的錯誤：「不該遲到，浪費了自己的時間，不守信用。」醫生這才向他道歉。

這位病人開始想用迂迴的暗示法將自己的批評資訊傳遞給醫生，讓醫生接受批評，並為自己的錯誤道歉，可是醫生並不願意坦然接受。這位病人因此更加惱火，最後直接了當地將醫生遲到，耽誤了病人時間的事實說出來，醫生才接受了指責。

現實生活中確實會常常遇到這種情況，有時需要直截了當地提出批評意見，「擺事實，講道理」，令對方醒悟，否則你採用委婉的或迂迴的辦法，對方並不能領會你的批評意見，或者是故意迴避、裝糊塗，有時還會引起對方的誤解，雙方產生新的矛盾。

德皇威廉二世設計了一艘軍艦，自以為得意，便請國際上著名的造船家來進行鑑定，一位造船家對皇帝的設計提出下述意見：「陛下，你設計的這艘軍艦將是一艘威力無比、堅固異常、速度超群、裝備上乘、十分美麗的軍艦。但看來它

Day6　批評不翻車：優雅吐槽指南

有一個缺點：那就是只要它一下水，就會立即沉入海底，如同一隻鉛鑄的鴨子一樣。」這位造船家的批評站在事實的基礎上，即船雖然設計得很堅固，裝備又精良，但卻缺乏作為船最重要的特點——能夠航行。這樣的批評，一語中的，一下子就使德皇幡然醒悟，取消了實施造船的計畫，避免了損失。

戰國時期的「農家」學說的代表人物許行主張人人自食其力，一切東西都自己做，萬不得已才進行交易，根本否定了社會分工。因此他和他的弟子數十人，都穿著粗布衣，靠打草鞋、織蓆子來維持生活。有一個叫陳相的人本來信奉儒家思想，但一見到許行，便改換門庭，信奉「農家」學派了。

有一次，陳相遇到孟子便竭力宣揚農家思想，他說：「我認為許行先生的觀點很有道理，凡是賢明的君主都應該與百姓同耕作，自己親自做飯吃，同時兼理朝政；如果不能自給自足，怎麼能稱得上是賢君呢？」孟子於是問道：「那麼許先生是否必定自己種糧食然後自己做飯吃呢？」陳相回答說是的。

孟子又問：「那麼許先生一定是自己織布做衣服了？」陳相說：「不是，許先生穿的粗布衣服裡用麻做的粗布衣服。」孟子又問：「許先生戴的帽子是他們織布做的嗎？」陳相回答：「不是，是用糧食換來的。」孟子又問：「許先生為什麼不自己織布做帽子呢？」陳相說：「怕對耕種有妨礙。」孟子又問：「許子用鍋做飯，用鐵具耕地，這些都是他親自做的嗎？」陳

相說:「不是的,也是用糧食換來的。」孟子因此說:「如果許先生用糧食去換鍋、農具,這不能說對陶工和鐵匠有所妨礙,那麼陶工和鐵匠用器具去換糧食,又怎麼能說他們對農夫有所妨礙呢?況且許先生主張自給自足,那他又何不自己親自做陶器和鐵具,一切東西只是自己家裡拿來用?又為何忙忙碌碌地拿糧食與別人交換呢?」

孟子用設問誘導的方法,一步步地擺事實講道理,將許行的觀點駁得體無完膚,卻又合情合理,讓陳相在不知不覺中就接受了孟子的批評意見,毫無孟子故意打擊自己信奉的學派的感覺。

世界上的事情往往如此,捷徑總是最短的路,最有效辦法常常是最簡單、最基本的,其實有時候直接將對方的缺點、錯誤指出來,反而是避免傷人自尊心、避免雙方誤會、避免使人產生反抗心理等的最好方法,往往能達到批評者預期的效果。

批評也是一種讚美,有人批評自己,表明對方在某些方面很欣賞自己或對方很喜愛、關心自己,否則,誰也犯不著冒著得罪人的危險去批評別人;批評也是種讚美,它從側面反映出你在許多方面是做得不錯的,缺點錯誤僅存於某些小的方面,否則就用不著批評,而應該懲罰,興師問罪了。

所以,當一個人受到他人批評時,應以積極的態度去對

Day6　批評不翻車：優雅吐槽指南

待，心平氣和地聽取對方的批評意見，看到批評對自己進步、成熟的重要性，勇敢面對別人的批評，對於合乎情理的地方進行積極肯定並確實改正，對於不合情理的意見，須保持冷靜頭腦，使之對自己形成防微杜漸的作用。

魅力表達：

對於蠻不講理的人，話再多也等於是廢話，不如開門見山，針鋒相對，讓他自己去反省。

Day7　說服力：讓人心甘情願買單

Day7　說服力：讓人心甘情願買單

1. 順水推舟

預設一圈套，然後順水推舟，把人置入其中，雖君王不能察也，可見其圈套之高明。請看孟子巧諫梁惠王。

齊宣王向孟子道：「別人都勸我拆掉明堂，是拆呢？還是不拆？」

孟子答道：「明堂是國君接見諸侯、發布旨令的殿堂，大王如要實行王政，就不要拆。」

齊宣王說：「要怎樣去實行王政呢？可以聽聽嗎？」

孟子說：「從前周文王治理岐周時，對耕地的農戶只抽九分之一的稅；對做官的人賜給世代相承的俸祿，關卡和市場只稽查不收稅；池沼魚塘不掛禁止捕魚的禁令。對犯罪的人，刑罰只施及他本人，不牽連他的眷屬。年老獨身或死了妻室的男人叫鰥夫，年老死了丈夫的婦女叫寡婦，年邁而膝下無兒無女的人叫獨老，死了父母的孩童叫孤兒。這四種人是社會上窮苦無依的人。文王發布政令施行仁政時，一定要優先撫卹這四種人。《詩經・小雅・正月》說：『富人享樂，歡樂融融，孤獨受罪，窮苦飄零！』」

齊宣王說：「這話說得好！」

孟於說：「您既然認為好，那為什麼不去實行？」

齊宣王答道：「我有個毛病，我貪錢愛財。」

第二步　口才實況大作戰

　　孟子答道：「從前周王朝的創始人公劉也貪錢愛財，《詩經·大雅·公劉》說：『聚糧於庾，儲糧於倉；包裝攜帶熟食乾糧，熟食乾糧，裝滿橐囊，周民和睦，為國增光。張設弓箭，全副武裝，干戈戚揚，扛在肩上，開始出發，遷徙遠方。』所以，要做到留下的人倉裡有積穀，走的人橐囊裡裝有乾糧，然後才可以出發，要是大王貪錢愛財，與百姓一同享用，對於實行王政又有什麼困難呢？」

　　齊宣王說：「我還有個毛病，我貪愛女色。」

　　孟子說：「從前周王朝的先人太王也貪愛女色。非常寵愛他的妃子。《詩經·大雅·綿》說：『周人先祖，古公亶父，策馬疾馳，早早趕路。從那分西水濱出發，急急忙忙來到岐下。古公亶父偕同姜女，察看地勢，籌建房屋。』在那時，家中無找不到丈夫的怨女，外面無找不到妻子的男人。大王如若貪愛女色。但以能滿足百姓在這方面的要求，那對於實行王政又有什麼困難呢？」

　　孟子的「仁政」（或曰「王政」），其內容是什麼？本故事具體地告訴人們，他是要國君仿照周文王的做法，實行薄徭、輕賦、寬刑，對鰥寡孤獨者進行撫卹，然而，這就勢必要影響到執政者的收入和享受，故而齊宣王只是說好卻並不想實行，並近似無賴地說自己「貪貨」、「貪色」以為推託，孟子則順水推舟，並不正面批駁，還是運用《詩經》，勸說齊王

學習周朝開國君主,與百姓分享「貨」、「色」,滿足平民的基本生活需求。孟子所謂「明堂是國君……」其實就是預設的圈套,齊宣王心氣平和地鑽了進去。

魅力表達:

要說服帝何其難?然,你只要順著他們意思說下去,再巧妙地轉移到自己的主張上來不就行了?

2. 假借九鼎

請看顏率假借九鼎之圈套,怎樣讓齊王上當的。

秦國派軍隊進逼周朝都城,索取國寶九鼎。

周王很是擔憂,臣子顏率說:「大王不必憂愁,我東去齊國請救兵。」

顏率到了齊國,對齊王說:「秦國不講道義,竟派兵要逼周天子交出九鼎。周朝群臣認為,與其把九鼎送給秦國還不如將它送給齊國。大王若能出兵救援周天子,不但能在諸侯間博得好名聲,更可獲得周朝國寶九鼎,豈不一舉兩得?所以懇請大王出兵救援。」

齊王聽了大喜,便派兵五萬馳援周都,秦軍只好退兵。於是,齊國便倚功向周天子索取九鼎,周王又擔憂了。

第二步　口才實況大作戰

顏率說:「大王不必憂心,我自有妙計解決。」

於是,顏率又來到齊國,對齊王說:「周朝靠了齊國的道義,君臣父子都保全了性命,因此,很願意兌現諾言,獻出九鼎,只是不知從哪條路運到齊國為好。」

齊王說:「可從韓國借道而過,運到齊國來。」

顏率說:「不可。須知韓國君臣想得到九鼎已謀劃了好久。九鼎到了韓國,一定會被扣留的。」

齊王說:「那向楚國借道。」

顏率說:「不行,楚國君臣也想得到九鼎。」

齊王說:「那我應該走哪條路才好?」

顏率說:「這正是我為您大傷腦筋的事,九鼎不是酒壺醬瓶,可以拎著到齊國來。當初周朝替換商朝時,動用了八十一萬人來牽拉九鼎,今天即使有這麼多人,但又應從哪條道路運輸才安全呢?」

齊王懊惱道:「原來,你從頭到尾都在騙我,你就是不肯把九鼎給我。」

顏率道:「我不敢欺騙您。只要您從速決定從哪條道路上運輸,我們的九鼎隨時等您來拿。」

齊王嘆了口氣,只好罷休!

古人說:「胸中有甲兵十萬。」是說智慧運用得當,運籌

帷幄可制勝千里。秦國派重兵進犯周朝索取九鼎,可謂志在必得,顏率早就謀劃在胸,憑三寸不爛之舌誘得齊王派出五萬兵馳援解了周天子之危。而對齊王的索取,顏率又強調借路扣留九鼎的危險以及道路、運輸的種種困難,使得齊國想得到九鼎的願望落空,等於白白為周朝出了一次兵,顏率的智慧加上善於表達的口才,豈不是勝過甲兵五萬?齊王威震一時,想不到卻被顏率所騙。真是圈套的力量啊!

魅力表達:

顏率心聲:你縱有甲兵十萬又如何?還不如我三寸不爛之舌!

3. 巧循善誘

在巧順循誘的圈套之下,殘暴無道的秦始皇也逃脫不得。

秦朝有個長得矮小的宮殿演員,名叫優旃。

一天,秦始皇嬴政大擺宴席。時值大雨,大臣們喝得十分高興,而站在外面臺階上的衛士們卻被雨淋溼了,凍得直發抖。

優旃就對衛士們說:「如果你們想要得到休息的話,一會我喊你們時,你們只要齊聲喊『有』就是了。」

第二步　口才實況大作戰

衛士們說：「好。」

一會，雨下得更大了。優旃站在欄杆上對衛士們大喊道：「衛士們！」

衛士們並聲答道：「有！」

優旃對衛士們說：「你們雖然長得很高，卻沒有得到什麼優待，還要在雨中站立著，苦不堪言；我雖然生得很矮小，卻能在屋裡得到很好的休息，比你們福氣多了。」

秦始皇聽了，醒悟到：優旃是在替衛士們求情，於是就發下詔令讓衛士們一半一半輪換休息。

秦始皇死後，第十八個兒子胡亥在奸臣趙高和李斯的陰謀策劃幫助下篡奪了皇帝寶座。

由於連年勞役，百姓苦不堪言，國家危機四伏，他也日益覺得江山不穩。他忽想個漆牆禦敵的餿主意，即在京城的城牆上抹上油漆，賊定往上爬，自然會滑落下來。群臣覺得滑稽可笑，但礙於君威不好直言相諫。

優旃便在胡亥面前拍手吟唱道：「城牆漆得溜光光，敵人來了不能上；城牆漆得油搭搭，敵人一爬準黏上！」

過了一會，他又裝出十分為難的樣子悅：「只是油漆過的東西不能曝晒，只能加以陰乾，這樣油漆才不會脫落。陛下還是先建築一座能把整個城市都罩起來的大屋子，再來油漆城牆，這樣才能確保品質啊。」

秦二世胡亥聽了，哭笑不得，只能搖搖手道：「算了，算了，不漆了，不漆了。」

秦始皇曾經召集群臣商議，想要擴大畜養禽獸的范圍，東面到函谷關，西面到雍和陳倉。優旃說：「很好！多養些禽獸在裡面，敵從從東面攻過來，使麋鹿用角撞他就夠了！」秦始皇因此就停止了擴大苑囿的計畫。

秦始皇對屬下和百姓素以殘暴無道聞名，像衛士們在雨中淋雨為他的酒宴做守衛工作，在他眼裡不過是芝麻綠豆般的小事。如果對他直言「舌戰」，就要觸犯龍顏，就要性命不保。虧得優旃想出了一個表面嘲諷衛士實際為他們說話的妙法，才使得喝酒喝得正高興的秦始皇網開一面，特別施恩於衛士。

靠策劃政變上臺的秦二世胡亥，在趙高的縱容下，一味追求享樂。油漆城牆就是他不顧秦朝人、財、物的承受能力而異想天開的荒唐命令。要不是優旃又一次巧妙而高明的「舌粲蓮花」，真不知道胡亥的荒唐之舉又要弄得多少人家破人亡，妻離子散啊！

魅力表達：

優旃真不愧為具有正道、善良品格而又很有口才的古代宮廷御用演員。

4. 亦莊亦諧

亦莊亦諧的說服方式，正是屬下對上級應用的絕妙圈套。

同光元年（西元923年），由於莊宗皇帝自幼喜愛戲劇並精通音律，所以，演戲的優伶（即今天的演員、戲子）大多受到器重與寵愛，常常奉侍左右。莊宗自己有時也粉墨登場客串，與藝人一起表演，以討得寵妃劉夫人的歡心。他的藝名自稱為「李天下」。

一次。莊宗在扮戲時自己呼喚道：

「李天下，李天下。」

一個名叫敬新磨的優伶便跑上前打了他一記耳光，莊宗大驚失色，優伶們也都十分驚慌。

這時，敬新磨卻不慌不忙地說：

「治理天下的只有一個人，還喊誰啊？」

莊宗聽了十分高興、便重重賞賜了他。

又一次，莊宗到中牟縣打獵，不慎坐騎踏壞了田裡的莊稼。

中牟縣令到馬前諫阻道：

「陛下是百姓的父母，怎麼能糟蹋他們的糧食作物，以致使他們輾轉流亡，餓死在曠野山溝裡。」

Day7 說服力：讓人心甘情願買單

莊宗勃然大怒，喝令他滾開，還要讓人誅殺他。

敬新磨見狀便追了上去，把那個縣令捉到皇帝面前，斥罵道：

「你身為一縣百姓的父母官，難道不知道我們的天子喜愛打獵嗎？為什麼還縱容、慫恿百姓耕田種地，妨礙我們天子縱馬馳騁呢！真是罪該萬死！」

說完，便請求皇上將這個縣令施以重刑，莊宗釋然大笑，令手下赦免了縣令。

在舌戰中，有時正話反說比正話正說更具雄辯力量。優伶敬新磨在令人發噱的嘻笑「表演」中，運用智慧和口才，先是打莊宗皇帝一記耳光，後又運用反諷法嘲弄、抨擊了因打獵而踏壞百姓莊稼的莊宗。這個在五代時期懂用兵之術、還稱賢明的後唐君主莊宗反而中了他的圈套，先是重賞他，後又赦免了因馬前進諫而惹怒龍顏的中牟縣令。優伶在古代如同娼妓一樣，社會地位是很低微的，等於是為天子皇親、達官貴人、富貴人家提供娛樂的玩物，然而，在他們之間就蘊藏著許多俊傑之才。敬新磨高妙的舌辯之才再一次證明：卑賤者往往聰明，高貴者往往愚蠢！

輕鬆幽默的話題，往往能引起人感情上的愉悅，莊重嚴肅的話題會使人緊張慎重。古代諫臣只要有可能，常把莊重的話題用輕鬆幽默的形式說出來，這樣君王可能更容易接受。

第二步　口才實況大作戰

《晏子春秋・內篇諫下》載：齊景公下令要士兵搏泥做磚，正趕上嚴冬臘月天寒地凍，士兵們又冷又餓，任務完不成。齊景公生氣地說：「給我把他們殺掉兩個。」晏子答應說：「是。」接著又說：「從前我們先君莊公討伐晉國時，那次戰役有四名士兵被殺，如今下令殺兩名士兵，這是那次戰役的一半啊！」齊景公聽了之後說：「啊，這是我的過錯啊。」下令停止殺士兵。

齊景公因為士兵沒有按時完成做磚坯的任務，就要殺人，晏子一席話亦莊亦諧，立時把齊景公的滿腔怒火化為清醒的理智，救了無辜的士兵。劉熙載說：「敘事有寓理，有寓情，有寓氣，有寓識。無寓，則如偶人矣。」晏子僅僅一句話，其潛臺詞之豐富，諷刺之尖銳，勝過千言萬語。

莊話諧說，最為緊要的是恰到好處。

有一年伏天，漢武帝下詔賜給東方朔等侍從人員每人一塊肉，可是，負責分肉的大官丞卻遲遲不來。東方朔就拔出佩劍割下一塊肉放在懷裡，轉身回家去了。第二天，漢武帝問他：「昨天朕賜肉，先生你為什麼不等大官丞來，就擅自割肉回家呢？」東方朔連忙拜了兩拜，自責起來：「東方朔，東方朔！接受賜肉，不等大官丞來分，自己拿起，是多麼無禮啊！私自拔劍割肉，是多麼豪壯啊！割肉不多，又是多麼廉潔啊！把肉拿回去送給妻子，又是多麼仁義啊！」

漢武帝被東方朔逗樂了，說：「朕讓你自責，你反倒自誇

Day7 說服力:讓人心甘情願買單

起來了。」於是又賜給東方朔一石酒,一百斤肉,讓他帶回家交給妻子。

如果按照常人來進行自責,東方朔就該檢討自己錯在哪裡,就沒有幽默可言。然而東方朔除了「多麼無禮」一句,表面上像是自責以外,其餘全是自誇的內容。戲謔大官丞遲遲不來分肉,意在向武帝進諫,這樣的官員不遵旨令,不關愛部下,應該受到懲罰。

莊話諧說,可使深刻的思想表達淺白,更富於想像,不但發人深省耐人尋味,而且增強說話的生氣,活躍聽者情緒,比一本正經的言辭蘊含感染力。

據說,唐太宗在御花園遊樂,一時心血來潮,命人將伴隨的樂師高崔嵬扔到荷塘裡。高崔嵬掙扎著爬上岸,渾身像落湯雞似的。太宗笑嘻嘻地問道:「你在水下見到了什麼?」高崔嵬笑著抬起頭,說:「我見到了屈原,他對我說:『我逢楚懷王無道,乃沉汨羅江;你逢聖主明君,為何也到這裡來了?』」太宗無言。

唐高宗出外打獵碰上天下雨,就問諫議大夫谷那律說:「怎樣才能使油衣不漏水?」谷那律答道:「用瓦來做就不漏了。」高宗醒悟,從此不再出獵。

南唐時,官府規定的賦稅名目繁多,而且很重,商人們為此紛紛叫苦。有一年京城大旱,烈祖李昇在北苑大宴群臣,對

第二步 口才實況大作戰

他們說:「京城外邊都下了大雨,唯獨不下到京城裡來,這是為什麼呢?」有一個樂工叫申漸高,他回答說:「大雨不敢下到京城,是害怕抽稅呀!」烈祖李昪大笑,於是減免了一些賦稅。

《古今譚概》載:南朝宋的江夏王名叫劉義恭,本性酷愛古物,經常在朝臣當中普遍求取。有個叫何勗的侍中已經向義恭送去了古物,然而義恭仍然向他徵求索取不止。何勗心裡很不平,有一次出門在外行在路上,看見了有人扔掉的拴狗的破項圈和一條破短褲,就令僕人撿起來。回府後他把二物放入裝飾盒裡,給義恭送了過去,並在信上寫道:「承蒙大王多次登門向臣索取古物,現在奉上秦代李斯拴狗用的項圈,漢朝司馬相如賣酒時穿過的短褲,望笑納之。」

言不在直,達意則靈,語不在快,切理則明。莊話諧說,既可產生愉悅感,又可產生威懾力,正義與邪惡,讚賞與貶斥,盡顯其中。

三國時,魏太祖曹操剛定都許縣(許昌),國事紛雜,所以用刑非常嚴酷。魏太祖的馬鞍掛在馬廄的柱子上,被老鼠咬了個大窟窿。管馬廄的官吏很害怕,擔心會因此被處死。鄧哀王曹沖知道後故意用刀將自己穿的單衣劃破,像老鼠咬的一樣。然後裝出一副愁眉苦臉的模樣。魏太祖問他為什麼憂愁,他說,依照風俗,老鼠咬破衣服預示著不吉利。太祖說瞎扯,一會管馬廄的官吏膽顫心驚地前來報告,馬鞍被老

鼠咬破了。太祖笑著說：「衣服就在身邊還被老鼠咬了，何況馬鞍掛在外面柱子上呢？」結果，魏太祖沒有追究那人罪責。

蜀先主劉備時，氣候乾旱，先主下令禁止百姓私下釀酒。一天，官吏在民家搜出釀酒的器具，準備定罪處罰。簡雍與先主出遊，看見一對男女在路上行走，於是對劉備說：「他們準備通姦，為什麼不拘押起來？」劉備說：「憑什麼說他們會如此？」簡雍一臉正經地回答：「他們各有可以通姦的器官，與要釀酒的人情形相同。」劉備聽了大笑，就釋放了因有釀具而被拘的人。

魅力表達：

人的生活已經夠沉重的了，說話時，輕鬆一點又何妨？

5. 亦褒亦貶

孟子巧諫齊宣王，用的便是亦褒貶的勸說圈套。

齊宣王問孟子：「春秋時齊桓公、晉文公稱霸天下的事，先生您能不能講給我們聽聽。」

孟子說：「孔子的學生從沒講過他們的霸業，後世沒有流傳，因而我沒聽說過。還是講講王道吧。」

第二步　口才實況大作戰

齊宣王問：「要具備怎樣的品德才能施行王道統一天下呢！」

孟子答道：「一切作為都是為了使人民能安居樂業。以此去統一天下，任誰也難以阻擋。」

齊宣王說：「像我這樣，能使人民安居樂業嗎？」

孟子答：「可以。」

齊宣王問：「你何以知道？」

孟子說：「我曾聽胡齕說起一件事：有次大王坐在堂上，有人牽了一頭牛從堂下走過，您問他：『你要把牛牽到哪裡去？』那人說：『把牠殺了祭神。』您說：『放了牠吧！看牠那發抖的樣子，無罪卻把牠送在屠宰場，我於心不忍。』那人便問：『那就廢除祭神的儀式吧？』您說：『怎能廢除，拿隻羊去吧！』不知有此事嗎？」

齊宣王說：「有。」

孟子說：「憑您這樣的好心就可以統一天下了。但百姓卻都因為此事而認為您吝嗇，但我知道您是於心不忍。」

齊宣王說：「對啊！齊國地方雖然不大，但我也不至於連頭牛都捨不得。就因為不忍看牠那發抖的樣子，毫無罪過卻被送往屠宰場，所以才叫拿羊去換牠。」

孟子說：「您不必責備百姓說您吝嗇。拿隻小羊去換一頭大牛，他們怎麼知道您的用意呢？你可憐牛無罪被送往屠宰

場,那麼牛、羊之間有何區別呢?」

齊宣王禁不住尷尬地笑道:「這如何說是好?我並不是因吝惜錢財才拿羊換牛的,但……難怪百姓說我吝嗇。」

孟子說:「沒關係。大王這種仁義之心正是仁愛之王道,因為您只見到牛沒見到羊。一個具有仁愛之心的人,對於家禽家畜,看到牠們活著就不忍看牠們死去;聽到牠們悲慘的叫聲,就不忍吃牠們的肉。因此,君子總是將廚房建築在遠離自己住所很遠的地方。」

齊宣王聽了,高興地說:「《詩經》裡說:『別人有想法,我就能猜到。』您真是了解我的心。」

「我自問為什麼要這樣做,卻說不出所以然來。但經老先生您這麼一說,我心裡就豁然明亮了。但我這種心理能與王道結合,這又是什麼道理呢?」

孟子說:「如有人向大王報告:『我能舉起三千斤重的傢伙,卻拿不動一根羽毛;我能看清秋天獸毛的末梢,卻看不見一大片柴草。』您贊同他的說法嗎?」

齊宣王說:「不贊同。」

孟子緊接著說:「現在大王您一片仁心能使牛一類的家畜得到恩惠,而百姓卻一無所得,何故?看來,一根羽毛都拿不動,只是不肯用力吧;一片柴草都看不見,只是不肯用視力吧;老百姓得不到安定的生活,只是國君不肯施恩罷了,

第二步　口才實況大作戰

所以大王不用仁政統一天下，是不肯實施，不是不能實施。」

齊宣王：「不肯實施與不能實施有什麼區別？」

孟子說：「要一個人將泰山挾住了跳過渤海，他說：『我做不到。』這確實做不到，叫一個人替年老的人折根樹枝，他說：『我做不到。』這是不肯做，不是做不到，而大王您行王道統一天下，正是屬於替年老人折根樹枝一類的事情。」

這段極為有趣的著名對話，充分展現了孟子勸說齊宣王採納他「仁政」主張的用心良苦，也集中表現了孟子善於運用比喻、巧於辯論的口才。齊宣王令人用羊換下牛去祭神，明明是吝嗇，卻硬說是不忍看著牛去死，孟子故意以「君子遠庖廚」來為他開脫，說他具有仁義之心、有實行仁政王道的基本品德。緊接著，又以「挾泰山以超北海」和「為長者折枝」的比喻進行對比，誘說齊宣王實行王道，也不過是如舉手之勞、類似「為長者折技」一類的事情。

孟子此番言談，中心就在於勸服齊宣王實行「仁政」，而齊宣王卻似乎有點顧左右而言他，孟子從讚美入手，析之以理，這才打動了齊宣王。這有點類似推銷術中的——「巧解藉口」。

我們知道，推銷就是和「拒絕」作戰。對於「沒錢」——實際上只是一種藉口，推銷員最好採取迂迴戰術，不能直攻猛攻。要因人因地因事而異，戰術上要靈活多變。

Day7　說服力：讓人心甘情願買單

下面舉一實例，以使讀者從中受益。

業績非凡的化妝品推銷員Ａ君介紹經驗時說：「我的前輩常教導我說，推銷化妝品，首先要了解化妝品的本質。一般說來，化妝品算不上生活必需品，甚至可以把它歸入生活奢侈品之列。所以，在推銷時就要狠下功夫，多利用一些讚美之詞，讓顧客產生愛美之心，從而心甘情願地掏腰包。」

有一次，Ａ君向一位社交型的太太推銷化妝品，她一開始就拒推銷員於千里之外。這時，Ａ君突然發現她家門廳裡有一顆女用高爾夫球，Ａ君立刻計上心頭，便話鋒一轉說道：「這球袋是您的嗎？」

太太：「是啊！」（態度開始有所好轉）

Ａ君：「哈哈，您的球袋真漂亮。」

太太：「噢，這是我去年到歐洲旅遊時在巴黎買的。」

Ａ君：「您是高爾夫球的愛好者呀？」

太太：「可不是，為此我可花了不少的錢呢。」（流露出自豪的神情）

Ａ君：「是啊，高爾夫球是富人的娛樂活動。」

太太：「你說得不錯，在國外，高爾夫球是上層社會人物喜愛的高級娛樂。」

當這位太太眉飛色舞地談論時，Ａ君不失時機地說：「是的，這種化妝品不是便宜貨，的確貴了一點，所以用它的女士均是高收入者，而且，使用這種化妝品就如玩高爾夫球的

第二步　口才實況大作戰

一樣,能顯示您的身分!」

這句話正中了這位太太的下懷,為了使自己不失面子,她無法再說出「沒錢」的藉口了。

在推銷過程中,聽到「沒錢」。千萬別洩氣。的確,錢是成交與否的關鍵性因素,但是應該相信,「沒錢」卻是極富彈性的,很可能只是一種藉口罷了。所以,我們要避免與「沒錢」這個藉口做正面交鋒,應採取迂迴戰術,在顧客還沒有藉口沒錢時,就預先堵住這個「缺口」,讓他說不出「沒錢」,只有掏腰包。

魅力表達:

褒是貶時貶亦褒,無為有處有還無。

6. 妙喻說理

妙喻說理的勸說方式,也是一種高明的圈套運用,請看墨子是怎樣說服魯班與楚王的。

魯國陽文君將率軍進攻鄭國,墨子聽說後立刻加以勸阻,說:「如果魯國境內,大城邦進攻小城邦,大家族進攻小家族,殺人如麻,還奪取牛馬狗豬布帛糧食財物,您覺得怎麼樣?」

陽文君說：「魯國境內都是我的臣屬，對於無端進攻別人及奪取財物的人，我一定要重重地懲罰他！」

墨子說：「老天擁有天下，就像您擁有魯國的領土一般。今天您發兵攻打鄭國，老天就不應重重懲罰您嗎？」

陽文君說：「先生您為什麼要制止我進攻鄭國呢，我進攻鄭國，這是順應天意。須知，鄭國發生三代弒君的醜事，於是老天要懲罰它使它連續三年風雨不調，我出兵伐鄭是在幫助老天懲罰它呀。」

墨子說：「鄭國人三代犯上弒君，老天懲罰它使之三年收成不好，這個懲罰已經足夠了，今天您發兵進攻它，說什麼『進攻鄭國是順應天意』，這就好比有個強橫霸道的兒子，很不成才，父親鞭打他，鄰居也拿起木棍要打他，並說我打他是順應他父親的意志，這不是很荒謬嗎？」

公輸班（即傳說中的魯班）為楚國建成雲梯等兵器，楚國便準備用這來進攻宋國。

墨子聽說這件事，立即從齊國動身，走了十天十夜才到達楚國首都郢城，去見公輸班。

公輸班說：「先生遠道而來有什麼賜教啊？」

墨子說：「北方有人欺侮我，我希望您能替我，殺掉他。」

公輸班聽了很不高興。

墨子說：「不然，我送你黃金十斤，作為報酬。」

第二步　口才實況大作戰

公輸班說：「我是個仁義者，我從不殺人。」

墨子站起來，拜了兩拜說：「我在北方聽說您正在楚國造雲梯，並準備用它去進攻宋國。請問，宋國有什麼罪過，使得楚國非去征伐它不可？楚國的領土寬闊有餘而百姓人口不足，犧牲自己所不足的人民去侵奪自己已經有餘的土地，這稱不上聰明；宋國沒有罪過卻去進攻它，這稱不上仁義；知道這個道理而不據理力爭勸阻楚王，這稱不上忠誠；雖據理力爭卻勸阻不成，這稱不上有能力；根據道德不殺個別人卻去殺掉許多人，這是不懂得依類相推的道理。」

公輸班聽了不得不折服。

墨子又說：「那麼現在能不能請你們取消進攻宋國的計畫呢？」

公輸班說：「不行，我已經建議楚王進攻宋國了。」

墨子說：「那能不能為我引見楚王？」

公輸班說：「好。」

墨子見到楚王后說：「現在有個人捨棄自己塗飾著色彩的好車，卻要去偷竊鄰居的壞車；捨棄自己的錦鏽衣服，卻要去偷竊鄰居的粗布衣服；捨棄自己的好飯好菜，卻跑去偷竊鄰居的糠秕糟食。這是個什麼樣的人啊！」

楚王笑道：「這個人一定是有偷竊成性的毛病。」

Day7 說服力：讓人心甘情願買單

墨子說：「楚國已擁有了五千里的領土，卻還要去攻占有一百里領土的宋國；已有珍貴的動物及豐富的水源、魚蝦，卻還要去攻占一個連兔子鯽魚都沒有的宋國；已有楠木、梓樹等好木材，卻還要去攻占連木材都不生產的宋國。這樣看來大王您就如那人一樣，患有偷竊成性的毛病。」

當兩種意見對立的時候，往往需要一種作緩衝的說法來調和，比喻就是一種很好的方式。它使用一些小故事，或生活中一目瞭然的道理，先與對方取得相同的立場。這既為下一步提出自己的意見打下基礎，又顯得比較含蓄，維護了對方的自尊心，比較容易奏效。在中國古代史籍記載中，有許多賢臣勸諫君主的著名比喻，如「狐假虎威」、「鷸蚌相爭」、「杯弓蛇影」等等。其實，這些小故事都是苦心積慮的「圈套」。

所以，你勸說時，不要急於說出不同的意見，寧願先動動腦子想一些人家已經相信的事理，去比喻你要讓人相信的事理。

魅力表達：

「磨刀不誤不砍柴功」，將話說得生動有趣淺顯易懂，不但聽者高興，就是說者也會有一種成就感，不信？請試試看。

7. 無中生有

請看燭之武怎樣用無中生有的勸說圈套便秦王退軍的。

魯僖公三十年九月，晉國與秦國聯合進攻鄭國。晉軍駐紮於函陵，秦軍駐紮於氾南。

鄭國大夫佚之狐對鄭國君主鄭伯說：「國家形勢危急，如果請燭之武去見秦君，秦國必定退兵。」鄭伯聽了，便派人去請燭之武。

燭之武謝絕道：「我年輕力壯時，不及別人能幹；如今年紀大了，恐怕無能為力。」

鄭伯說：「我不能早早地重用你，直至今天因事情緊急才來求你，這是我的過錯。不過，鄭國如果滅亡，對你也是不利的啊。」燭之武終於答應出去遊說秦君退兵。

晚上，他被人用繩子吊著從城牆上落下，偷偷到秦軍兵營中去會見秦君，說道：

「秦國與晉國圍攻鄭國，鄭國面臨著滅亡的危險。如果滅亡鄭國對您有益，我就不會來干擾您了。隔著別的國家把鄭國作為自己的邊邑，豈不是用滅亡的鄭國來增加您鄰國──晉國的土地嗎？」

「鄰國增加了土地，相對地說，豈非意味著您減少了土地，如果不滅亡鄭國而讓它做東道主，您東行必須經過鄭

Day7　說服力：讓人心甘情願買單

國，鄭國不是可以把您當作貴賓招待嗎？至於貴國的外交人員，鄭國更可以供給他們必需的財物，對您完全有利而無害。再說，您對晉國國君有恩德，晉國曾許諾給您焦、瑕兩地作為報答，誰知晉惠公早上離開秦國歸國，晚上就派人築起焦、瑕兩地的城牆來防備秦國接收它們，這種背信棄義的行為，您是知道的。可見，晉國是個忘恩背信、貪得無厭的國家。今天晉國向東面進攻鄭國，開拓了它的領土，必定也會向西邊開拓其領土，如果不損害秦國，將從什麼國家取得呢？您攻取鄭國不是損害秦國而有利晉國嗎？您要深思啊。」

秦君聽了連連點，便和鄭國媾和，率軍返回。晉軍不久也只好撤兵。鄭國轉危為安。

燭之武從地理、利害與秦、晉兩國之間的歷史思想諸原因等方面，來分析亡鄭只能利晉而害秦的道理，邏輯嚴密，有強大的說服力，不由秦君不為之折服。燭之武一席充分顯示其辯才的話語，表面似乎沒有舌戰對象，只是他一人侃侃而論，實際上是以主張秦、晉聯軍亡鄭的人作假想論辯對象，其舌戰意味還是躍然紙上的。

魅力表達：

沒壓力就沒動力，沒人跟你辯論時也不妨設想出一個對手來，如此你才可以據理力爭。

第二步　口才實況大作戰

8. 由此及彼

淳于髡諫文宣王的勸說之辭,使是由此及彼圈套的絕紗應用。

春秋戰國時期,淳于髡在一天之中,連續推薦了七個人給齊宣王。

齊宣王大為不滿,就對淳于髡說:「你過來,我有話對你說。我曾聽說過:『方圓千里,才出一賢者,百世才後,才出一聖人。』如今,你一天就向我推薦了七個人,這有識之士不也太多了點嗎?」

淳于髡答道:「所謂物以類聚,那鳥兒都是有相同翅膀羽毛的才同築一個巢居住,野獸都是有相同習性的才一起奔走。要想在沼澤潮溼之地去尋找柴胡、桔梗之類的藥材,那麼無論你怎麼找都找不到。但若到單黍梁父等山的北面陰暗之處去尋找,那這些東西就多得連大車都載不動。可見,各種物類都有自己所屬的範疇。如今,以我來說,我淳于髡就是賢者所屬的範疇。大王透過我訪求賢才,就好像到大河中去舀水,從火源中去取火,可說是取之不盡,用之不竭。我還準備將更多的賢才推薦給你,豈只七個?」

宣王於是笑著認了錯。

淳于髡的勸說之辭,真可謂是不急不躁,娓娓道來,謙和之中帶有不可辯駁的說服力,難怪齊王不得不承認錯誤。

Day7　說服力：讓人心甘情願買單

我們每天說話，不僅是表達我們的意見，同時也是說服他人的一種方法。對於同樣的問題，由於人的思想和性格不同，因此對於事物的看法和意見也有不一致的。在平時我們所接觸的人，包括家人和朋友，以及一些不相識但和我們來往的人，有時只是閒談，有時卻是為了業務上的來往，我們除了互相表達意見之外，難免還得和別人爭辯一些問題。不少與我們觀點不同的意見，來自我們的父母、丈夫、妻子、朋友以及陌生人。

當我們面對一個反對意見時，自然而然地就發生爭辯。通常遇到有人反對我們的意見時，我們會感覺不安，認為是一種侮辱，這樣我們又會自然地想辦法反擊。不過我們所用反擊的方法，往往是很笨拙的，例如吶喊、嘲笑，甚至恐嚇，企圖使我們的意見要別人勉強接受。其實，要贏得說服上的勝利，不是靠狂叫、嘲笑、恐嚇等方法可以達到的，我們要取得爭辯勝利，必須是使人心悅誠服的，不是勉強的。

美國一位政治家說，由於多年的政治經驗，他明白了用辯論折服無知的人是不可能的事，所以，他總是堅持溫和，向那些要跟他辯論的人解釋。佛教有句名言：仇恨是不能用仇恨而應用愛來消釋的。一種誤會絕不是能用爭辯可以解決的，而需要用機智、溫柔以及對他人的同情心。林肯曾訓斥一位與同事發生衝突的青年軍官說：打算成大事的人，絕不消耗時間去和別人爭辯。你對於某件事物若沒有與人享有平等的權利時，應

第二步　口才實況大作戰

當謙讓一部分,你對於某件事物縱然享有全權,也應當謙讓一部分。和一條狗爭著走路而被狗咬了一口,還不如讓一步。而被咬之後,就算把狗宰了,你的傷口還是痛的。

心理學專家發現要贏得爭辯的勝利,必須避免訓斥對方,避免恐嚇或者任何強迫的方法,而應該平心靜氣地和對方講道理。專家們用試驗的方法,證明這是一個有效的步驟。他們利用牙齒衛生的演講會,來對三組學生作試驗。對第一組學生,採取強迫式的教育,向學生指出忽視牙齒保健的危險,說不講究牙齒的衛生,會使人的牙齒腐爛。對第二組學生則用溫和的態度,講述牙齒不衛生的危險。對第三組的學生則直接提供有關牙齒衛生的常識,使他們知道保護牙齒的重要。在一週後,專家們對全部試驗的學生予以檢查,看看哪一組學生所接受的有關牙齒保健的知識最多、最深刻,結果第二組的學生分數最高,原因是他們是在心平氣和的氣氛下接受教育的,並無一點勉強的。

一般人開始企圖贏得一場說服時,所犯的毛病,是損害對方的自尊心。我們知道人人都有自尊心,當你對別人申辯時,應注意尊重對方,不導致破裂。否則失去爭辯的餘地,你將無法施展你說服的任何技術。

我們勸說別人時,不可直接指責對方的意見為愚蠢,必須替對方留點面子,直接申斥別人的意見是不對的,即使你

的理由多麼充分，也無法使人心服。如果你嘲笑別人的意見，則往往會引起對方的反感，增加了你說服的困難。

人類有一個特性，也可以說是一種通性，那就是保護自尊心。一個人損害另一個人的自尊心，等於打擊他的生命。如果你這樣，不但永遠無法使你和別人的爭辯獲勝，同時你可能遭到更多的人和你爭辯。人與人之間爭論一件事情，在表面上看，似乎純粹是屬於理智上的事，但實際上，卻是與感情有密切的關係。要在爭辯中獲得勝利，除了自己有充分的理由，還必須懂得爭辯的藝術，要掌握、運用好爭辯中的口才。

魅力表達：

事物是普遍連繫的，用某事物來證明一事物，總比用一事物證明它本身有力多了吧？

9. 避實就虛

下面，陳平巧妙解答漢文帝的問題，用的就是避實就虛的圈套。

漢孝文帝登上皇帝寶座後，以為太尉周勃率領士兵誅殺篡權呂氏家族大有功於漢朝，有意提拔他。當時擔任右丞相的陳平揣測皇帝的意思，也想讓賢給周勃，便告病在家。孝

第二步　口才實況大作戰

　　文帝很奇怪，自己剛登位，怎麼丞相就生病了，便追問他。陳平說：「高祖皇帝在位時，周勃的功勞不及我。但誅殺呂氏家族，我的功勞卻遠不及周勃。我想讓出右丞相的位置。」孝文帝認為可以，便任命周勃為右丞相，位置第一，陳平則改任為左丞相，位置第二。

　　過了不久，孝文帝對朝廷政事漸漸熟悉。有一次上朝時詢問右丞相周勃道：「全國一年的官司案子有多少？」

　　周勃抱歉地答道：「我不知道。」

　　孝文帝又問：「全國一年錢糧的收支情況如何？」

　　周勃面紅耳赤，背出冷汗，答道：「不知道。」

　　孝文帝便轉而詢問左丞相陳平。

　　陳平答道：「這些事有主管官員負責。」

　　孝文帝問：「主管官員是誰？」

　　陳平答道：「皇上要了解案件，便要問廷尉；要了解錢糧，便要問治粟內史。」

　　孝文帝有些驚異，問：「如果這些事各問主管官員，那你們丞相做什麼事呢？」

　　陳平恭敬地答道：「皇上不嫌我無能，讓我擔任左丞相之重職，我很慚愧。我以為，做丞相的人，對上要輔佐皇帝做好調理陰陽、和順四時的大事，對下要撫育萬物，對外要治

理諸侯及周邊民族,對內要讓百姓安居樂業,並讓文武百官各得其所,盡力盡職。」

孝文帝聽了連聲讚好。

周勃聽了卻大為慚愧,走出宮門便責備陳平道:「您為什麼平時不教我一些如何應對皇帝問政之道呢?」

陳平大笑道:「您擔任右丞相的職位難道不知道自己的工作任務嗎?再說,如果皇帝詢問長安城裡小偷強盜的數目,您能夠回答嗎?」

周勃回到家裡思量再三,覺得自己的才能遠遠不及陳平。過了不久,他便主動告病在家請求皇帝罷免自己的相位,皇帝同意了,陳平就成了唯一的丞相。

陳平是劉邦平定天下的得力助手,以巧設奇計,善出點子而著稱於世。此則故事一方面顯示了他善於應對的辯才。

即使不知道,他也能適當地表明自己的看法,並讓皇帝覺得言之有理,這比之周勃屢次簡單地回答「不知道」,實在是要巧妙委婉得多,這種方法,既不是強辭奪理,也不會讓皇帝產生失望或是輕視的情緒,真可謂是妙矣!

老師對學生最感失望的莫過於當他問道:

「你的看法如何?」卻得不到積極主動的回答。

許多人常常這樣回答:「跟前面講的人一樣。」

第二步　口才實況大作戰

這種回答方式令人失望。即便是意見相同，也應該用自己的語言把它表達出來。

一個人若不能回答別人提問，可能表示你沒有什麼意見，也可能是想不出適當的話來回答。對於上司的提問，如果你沒有自己的意見，就很難把工作向前推進。但若你表示出自己的意見，卻又不合上司的想法，則無法達到能受上司信賴的地步。這是兩難的局面，應付它的較好方法，莫過於平時注意培養觀察和認識問題的能力，並以適當的語言表達出來。

魅力表達：

誠實固然是好的，然，誠實不等於呆板，成功往往掌握在那些思維活躍的巧辯家手中。

10. 拋磚引玉

紀昀是清朝著名的雄辯家，請看他是怎樣使用拋磚引玉的圈套，說服嘉慶帝。

當乾隆皇帝駕崩，乾隆的兒子永琰親政後，大清王朝的政治、經濟形勢就顯得特別嚴峻。面對晚年乾隆留下的危局，嘉慶帝永琰一執政便首先逮捕了權奸和珅和尚書福長安，沒收了他們的資財以充國庫；並整治吏獄，挽救政治危機。在整頓吏

Day7　說服力：讓人心甘情願買單

治的過程中，嘉慶帝還決定為在乾隆時代被和珅之流打擊迫害的官員恢復名譽，平反昭雪。另外，又準備破格提拔幾位曾為父王作出突出貢獻而因被和珅等人排擠的官員。

有一天，嘉慶帝想起了父王生前最寵信的重臣紀昀來，於是他便想就破格提拔官員一事徵求一下這位智謀過人的老臣的意見。當時紀昀任武會試的正總裁官，正在主持考試。嘉慶帝等不及考試結束，連忙派人從考場中請出紀昀，嘉慶帝把自己的想法詳細告訴了紀昀，紀昀聽後沒有直接對此事作可否的表態，只是對嘉慶帝說道：

「陛下，臣蒙先帝重恩，為官數十載，未有敢以禮賄我者，何也？但用臣生性並不貪婪。然，若親友有喪，臣為之點主、作銘，其所饋禮金，不論厚薄，臣無敢卻之。」

嘉慶聽畢，沉思良久方點頭一笑，心領神會到：紀昀所說表層語義是在感激乾隆帝對自己的知遇之恩，歌頌自己的清廉品格；實際上表層語義不過是個誘導刺激物、其目的在於拋磚引玉帶出語篇重音，暗示自己意欲破格提拔為先帝做過突出貢獻的官員的設想，原來是在為祖宗推恩，不必顧忌什麼。這正如紀昀為別人點主、作銘收金而不卻，以讓死者後人為死者盡孝的道理是一樣的。

之後，嘉慶便大膽破格提拔了一批曾為父王做過突出貢獻的官員，吏治整頓出現了新景象。

第二步　口才實況大作戰

紀昀向來均以能言善辯而著稱,而在此則故事中卻是蜻蜓點水,點到為止。方式不同,卻是各有千秋啊。

「不是錘的打擊,乃是水的載歌載舞,使鵝卵石臻於完美。」(泰戈爾語)人是情感動物,所以在批評別人的時候既要醒心,又要甘心。

古人樂羊子外出求學七年不歸,家貧,樂母偷別人家的雞,宰了吃,樂妻卻不下筷子一起吃,而且掉淚了。樂母問她為什麼,她回答:「自傷居貧,使食有他肉。」樂母大慚,端著煮好的雞肉去失主家認錯賠禮。

在這裡:「道是無情卻有情,說話甘心又醒心。」

樂妻沒有當面指責婆婆,反而責怪自己不勤勞,以致家庭貧困。

然而在這當中她達到了批評婆婆的目的。

所以,她給了婆婆一把梯子。如果她只是一味指責,那家裡就不知是怎樣的一種戰亂情形了。

以上兩則故事,其實就是很明顯的「圈套」,一不小心就會躲過,但也很有意義。

如果說站在人生高度回眸人生,會為自己的成長而自豪的話,那麼,當我們想起別人批評、拒絕我們時的一句得體的話,一個溫馨的舉動,不也會令我們倍感親切嗎?

> **魅力表達：**
>
> 不是任何人「拋磚」都可以「引玉」的，關鍵是看你怎麼「拋」！

11. 變中明理

縱橫家蘇秦，以三寸不爛之舌贏得六國相印，其說服別人之圈套高明之極，請看他是怎樣說服燕王的。

一次齊燕交戰，燕國丟了十個城池。燕王使蘇秦出面遊說，把十個城池都要了回來。本來這可是個大功勞，可是燕國竟有人誹謗蘇秦的做法反覆無常，定會作亂。結果，弄得燕王反而和蘇秦疏遠了。

蘇秦感到必須面陳清白。他直率地說：「讒言說我不講信用，然這正是大王您的福分呀！」見燕王很驚詫，蘇秦又問道：「假如我像尾生一樣守信，像伯夷一樣廉潔，像曾參一樣孝悌，以此來輔佐大王，您看可以嗎？」

「當然可以。」燕王感到沒有什麼不對的。

蘇秦說：「我要是有這樣的品格，我就不在這裡事奉您了。以曾參之孝順，寧肯守護雙親，也不會不遠千里去事奉危難之君；以伯夷之廉，物慾淡泊的餓死首陽也不肯接受封侯，你怎麼能讓他去齊國要回城池？尾生為了守信用，在橋下與女子約

會,女子不來,他被大水淹了也不離開,抱柱而死。這樣的人又怎能去齊國宣傳燕國的威風,嚇退齊國強兵呢?

況且,講信之人只是在自我保護,不是進取之道,可是這三王五霸之業不是自我保護就能辦到的。

如今,我離別老母親事奉國君,本來就想積極進取,我不相信您是故步自封之君,而且,臣下是以忠信獲罪於您的。」

燕王剛才還聽得蘇秦把曾參伯夷罵得一錢不值,又聽蘇秦以忠信獲罪,大為不解,問:「忠信有什麼罪呢?」

蘇秦回答:「臣的鄰居有一妻一妾,其妻在男人出遠門時與人私通,男主人回來後,她讓侍妾端上毒酒。侍妾想,端上去男主人被殺,說出來女主人被趕。於是她假裝不小心把酒灑在了地上。男主人大怒打了那侍妾。侍妾對男女主人可謂忠矣,卻以忠信而獲罪。如今,我的遭遇就像這個侍妾,一心事奉燕國,又誠心說服齊國,結果呢,反落到今天的地步。我只恐怕以後事奉國君的人,都不敢盡力了。」

蘇秦這一番話,極言大信不信,詭即為信,氣度一張一合,正好摸準了燕王的心思。最後,燕王也禁不住叫起好來,從此恢復了對蘇秦的信任。

中國古人的哲學,「一陰一陽之謂道」,萬事萬物的千變萬化,其根本原因就在於陰陽消長,交替作用。它們既是對立的,又互為根據。如同父與子互為根據,沒有子也就沒有

父，父親當得好不好，要看兒子表現得好不好。說服也一樣要遵循陰陽捭闔之道，要根據對方的具體情況，或開放或封閉，或屬陰或歸陽；或柔弱或剛強；或鬆弛或緊張，乃至或奇或正，或圓或方，或動或靜，或真或假，或明或暗，或主或客，或實或虛，或正或反，陰陽消長，如同圓環一樣開合環繞，開極而合，合極又開，往復變化以至無窮。「此天地陰陽之道，而說人之法也。」

魅力表達：

歷史上，申包胥哭秦庭是柔，唐雎力折秦王是剛；魏徵勸唐王是守直，西門豹治巫婆是用同；蒯通說漢高祖不殺是表真，劉備詭曹阿瞞驚雷是借假；樊噲鴻門闖宴，其聲遏雲，阮籍借醉辭婚，不發一言；孫權會鄧芝，陳兵設鼎，孔明勸吳王，談笑風生；郭子儀大開門，無時不傳，安纏陵擇妙機，三年一語；以及諸如馮諼說孟嘗君，甘羅說張唐，姜太公釣文王，諸此等等，無一不是或奇或正，或虛或實，乃至正詭交加，因為它們本身是互為根據、互相轉化的對立統一，猶如古人張網捕鳥，捕到鳥的只是網中之一孔，但只有一孔的羅網必定捕不到鳥，有無相生，難易相成，捭闔之道，渾成一體而無可抵拒。

12. 誘敵深入

誘敵深入圈套，也是一種高明的說服技巧，請看孟子是怎樣勸說宣王的。

孟子對齊宣王說：「在您的臣子中，有個人把妻室兒女託付給他的朋友照看，而自己則到楚國遊學去了，等到他回來時，假如他的妻室兒女在受凍挨餓，那麼，他應該如何對待他那個朋友呢？」

齊宣王說：「和他斷交。」

孟子接著問：「假若管刑罰的長官不能管好他的下屬，那麼應該怎麼辦呢？」

齊宣王說：「撤掉他的官職。」

孟子又問道：「一個國家若沒有治理好，又該怎麼辦呢？」

齊宣王無話可答，只好回過頭去左張右望，把話題扯到別處去。

孟子在這則舌戰故事中，是採用「誘敵深入」的辦法，誘導齊宣王進入他的預設的「陷阱」中，致使齊宣王完全喪失了招架之力，只能「王顧左右而言他」，以求敷衍搪塞。這種辯論力量，比直接指責他沒有治理好國家，不知要強多少倍！

我們都知道「自相矛盾」的故事。事實上，其中包含著十分樸素又非常深刻的處世道理和勸諫方法。

以子之矛攻子之盾，就是抓住對方邏輯矛盾和論證破綻，巧妙地「誘敵深入」，使其觀點中的某些謬誤和蒙蔽之識的荒唐性和片面性得到再現，從而使對方能夠反觀自身，得以自悟。

因此，以主管的話作為你評價事物的標準，會使你在勸諫主管的過程中處於一種安全，有利的位置，因為主管絕不會反對別人引用自己的觀點的，而且，此舉還會激發主管的心理認同感和成就感，心生欣悅，或者至少不會有所反感。這樣，再把主管的觀點加以引申，最後得出一個顯而易見的結論，就會使主管得以醒悟，同時也使你的觀點得以巧妙的表達。因此，聰明的下屬是不會忽視這種委婉卻十分有效的勸說方法的。

當然，雖然這種勸說術有很強的說服力，但它也是一柄「雙刃劍」，用不好也會自傷其身的，因此在使用時務必要注意以下幾點：

◆ 第一，要注意場合

以主管的話來批駁他的某些觀點，最好是在私下場合裡用，而不宜在公開場合或是有他人在一旁的情況下運用，因為在私下場合裡，即使你對主管有所觸痛，但如果言之有理，主管也會採取比較寬容的態度。而如果在公共場合，這就會演化為主管的尊嚴和權威問題，就會使主管的情緒壓過

理智，面子壓過道理，這對下屬無疑是自找麻煩，好心難得好報。

◆ 第二，要注意語氣適當，措辭委婉

因為「自相矛盾」法就是要提醒主管注意自己的言行的不一致性，或者是對其論點做出某種程度的否定，這無疑會涉及主管的尊嚴與權威，尺度掌握不準，搞的不好就會有嘲諷、犯上之嫌，被主管誤以為心懷不滿，另有所指。所以下屬一定要注意使自己的口氣比較和緩，顯示自己的誠懇和尊敬之情。特別是在使主管明確地認識到，你的所作所為都是出於做好工作的動機，是為主管設身處地的著想，而不是針對領導者本人有何不恭的看法。

◆ 第三，盡量言詞簡短

俗話說：「言多必失。」因此下屬在功諫時，只要指明大意就已足矣，其中的推理不妨由主管自己來做，越是語言簡短，越是語意含蓄，就越能引起主管的深思，又不致於引起主管的猜忌。而且，言辭簡短不至於使你引用的主管的話淹沒在解釋論證的海洋中，要知道，正是這些引用極大地滿足了主管的成就感，當你的主管清楚地了解到，一句他本人也不曾在意的話卻被下用鄭重地記在心上，或者他十分重要的觀點的確受到了下屬的重視，他一定會增加對你的好感，多

幾分欣賞和認同，少幾分敵意和對立，從而能夠仔細地傾聽你的建議，對你的相反的看法鄭重對待。因此，言簡意賅，不失為引起主管重視和好感的一個好辦法。

魅力表達：

說服一個人的方法有很多，在說服的時候應因人而異，因事而異，不可生搬硬套，不然就會造成相反的效果，所以，在說服中使用圈套時，應注意說服對象，圈套也不是隨意使用的，不然，別人會對你越加反感，說服中使用圈套，應以達到說服別人為目的，適可而止。

Day8　化解尷尬：讓話題自然升溫

Day8 化解尷尬：讓話題自然升溫

1. 尊重對方以禮相待

在莊重正式的場合，一些居心叵測的人常會向領導人提出一些涉及個人隱私或不便回答的問題誘使領導者作答。由於受場合、對象的限制，領導人不宜斥責對方無禮的行為，反而要耐心禮貌地對待他們。此時，可在充分尊重對方人格的前提下，婉轉拒絕回答，擺脫對方的糾纏，爭取人們的同情。

季辛吉在接受義大利著名記者法拉奇採訪時所說的一段話，用的就是委婉拒絕的手法。法拉奇問：「季辛吉博士，如果我拿一支手槍對著您的腦袋，問您是和阮文紹進餐還是和黎德壽用餐，您將如何選擇呢？」季辛吉說：「我不能回答這個問題。」法拉奇問：「我是否可以這樣回答呢 —— 我想您更願意和黎德壽一起進餐。」季辛吉再次拒絕說：「不，不……、我不願回答這個問題。」法拉奇的這種非此即彼的提問本身就暗伏玄機，季辛吉不管如何選擇，都會給工作帶來不利。因而精明的季辛吉拒絕回答，婉轉拒絕了記者的提問。

魅力表達：

俗話說：「伸手不打笑臉人」，最好的辦法莫過於不理睬他，我不說話，你總不能強迫我說吧？

第二步 口才實況大作戰

2. 嘲諷於反駁中回敬對方

「主管角色」的行為規範要求其表現得老練持重、親切有禮、和藹可親,盡量避免聲色俱厲、出言不遜的情況。但這並不意味著領導人應該逆來順受,不能表達自己內心厭惡、憤怒的思想感情。

尤其是在對方主動挑釁或存心嘲諷的情況下,抓住對方話語中的漏洞與弱點,融反駁與嘲諷於一體,反唇相譏,置對方於尷尬難堪的境地。

巴基斯坦的建國領袖阿里‧真納與被印度人民尊為「聖雄」的甘地由於政見不同,兩人的關係並不和諧。在他們尖銳的對話中,常常存在互相嘲諷的情況。一次,他們被一群新聞記者圍住,甘地對真納說:「你喜歡這一套,是嗎?」真納回敬說:「不如你那樣喜歡。」真納在這兩句對話中,沒有就對方的指責進行辯解和說明,而是運用反唇相譏的方法,把對方加給自己的責難回敬給對方,有力地維護了自己的尊嚴。倘若進行辯解,則無論說得如何完滿,總是處於下風和守勢。

「反唇相譏法」在運用時應掌握以下幾點。一是不宜多用,否則會給人以心胸狹小、言語尖刻和無情無義的印象。二是要看對象。對有身分的存心挑釁者,可用「反唇相譏」法,而對下屬、晚輩的無意冒犯,則可用別的方法來擺脫尷尬處境,不宜濫加嘲諷,以免傷人。

Day8　化解尷尬：讓話題自然升溫

詩人歌德到公園散步，不巧在一條僅容一人透過的小徑上，碰見一位對他抱有成見並把他的作品貶得一文不值的批評家。狹路相逢，四目相對。批評家傲慢地說：「對一個傻瓜，我絕不讓路。」

歌德面對辱罵，微微一笑道：「我正好和你相反。」說罷往路邊一站。霎時，那位批評家的臉變得通紅，進退不得。

從這裡可以看出，批評家的言行顯然是失禮而粗野的。然而，詩人既沒有氣急敗壞地加以謾罵反擊，又不想吃啞巴虧，而是接過對方的話頭，以禮貌的方式給以巧妙反擊。既教訓了對方，維護了自己的尊嚴，又展現了高雅的風度，真是一舉兩得，令人叫絕。這就是最常見的一種回擊形式——反唇相譏。

這種對惡意的攻擊所給予的反譏，從性質上看是「被迫自衛還擊」，是「後發制人」，因此是正當的、必要的。從表達特點看，它是「接過石頭打人」，簡練而精巧，文雅且有力。這種反譏往往是抓住對方汙辱性話題，機智地加以改造，運用具有豐富潛臺詞的話語，回敬給對方，達到「請君入甕」的目的。顯然，這是一種具有一定交際價值的以防衛為主旨的表達方式。其形式有：

◆ 點睛式

就是針對對方的譏諷攻擊之詞，運用點睛之語，點明事物的本質、問題的要害，「撥亂反正」，使真相大白，將對方

第二步　口才實況大作戰

陷入不利境地。

俄國學者羅蒙諾索夫生活簡樸，不太講究穿著。有一次，一位注重衣著但不學無術的德國人，看到他衣袖肘部有一個破洞，就挖苦說：「在這衣服的破洞裡我看到了你的博學。」羅蒙諾索夫毫不客氣地說：「先生，從這裡我卻看到了另一個人的愚蠢。」對方借衣服破洞，小題大作貶低人，反映了他的無恥和惡劣的品格。羅蒙諾索夫則機敏地選擇了與博學相對應的詞語「愚蠢」，準確地回敬給對方，使嘲弄人受到嘲弄。

反譏者並不糾纏對方的不良動機和不實之辭，而是以客觀事實為依託，著力選用精闢、準確、內涵豐富的詞語，回擊之。從字面上看這些詞語輕描淡寫，仔細思索卻「話中有話」，隱含著事實的本質和真相，對方一旦領悟已是猝不及防，只能敗北了。

◆ 作比式

有些人常常用不雅事物作比，譏諷、貶低別人的人格。如遇這種情況你不妨採用同樣思路，以作比對作比，給以反擊。

達爾文提出生物演化論後，赫胥黎竭力支持和宣傳演化論，與宗教勢力展開了激烈的論戰。教會詛咒他為「達爾文的鬥牛犬」。在倫敦的一次辯論會上，宗教頭目看到赫胥黎步入會場，便罵道：「當心，這隻狗又來了！」赫胥黎輕蔑地答道：「是啊，盜賊最害怕嗅覺靈敏的獵犬。」有力地回擊了對

Day8　化解尷尬：讓話題自然升溫

手。在這裡，雙方都「作比」，然而，赫肯黎巧妙地把兩個作比物連繫起來，運用「盜賊怕獵犬」這一人所共知的常理，暗示宗教頭目與他的現實關係，從而揭穿了宗教頭目的醜惡本質和害怕真埋的面目。

用作比方式反譏，往往是利用事物間的「相剋」關係，或相連關係，附會自己的思想感情，達到壓倒對手，批駁對手的目的。若用得恰當能產生強烈的諷刺意味和反駁效果。

◆ 引入式

當對方蓄意製造出一種使人難堪窘迫的局面時，最好的解脫方法莫過於把對方也引人這一局面之中，讓其自食其果，作繭自縛。

一天，英國戲劇家蕭伯納正坐在沙發上沉思，坐在他旁邊的美國金融家對他說：「蕭伯納先生，如果您讓我知道您正在思考什麼的話，我願意給您一美元。」「啊，我的思考一美元也不值，」蕭伯納說，「我所思考的正是你。」金融家想以一美元來要笑蕭伯納，蕭伯納「接過」這廉價的一美元，設計了一個圈套，把它與金融家串聯起來，使金融家成了被戲弄的對象。

「接過石頭打人」雖然是正當的，但由於它有較強的刺激性，用之要特別當心。首要的是要善於劃清用與不用的界限。這就要求我們對譏諷者的意向作出準確的判斷。一般要作兩層判斷：一是有意還是無意。若對方是無意的冒犯，是

語失,或是開玩笑,那就不應反唇相譏。若斷定對方是有意時,還須作進一步的判斷,即是善意還是惡意。如果對方是為了你好,只是在批評指責時,語言尖刻,方式不當,對這種善意的譏諷,不應反唇相譏,即使人家說到了自己的痛處,也不要一觸即跳,而應反省自己,感謝對方的直言利語。只有確認對方是惡意中傷、有意傷害時,才應給以恰當的反譏、這時的反唇相譏才具有揚正袪邪的正義性。

魅力表達:

能與人正面交鋒是勇敢的,但結果卻未必令人滿意,只有運用機智使人心服口服,才是最棒的。

3. 對平常問題,作不平常解釋

巧釋法除了具有反駁的功能外,還能夠幫助自己解脫窘境,請看下面的例子:

某大學一次智力競賽搶答會上,主持人問:「『三綱五常』中的『三綱』是指什麼?」一名女學生搶答道:「臣為君綱,子為父綱,妻為夫綱。」但她恰好把三者說顛倒了,引起了哄堂大笑。這位女學生意識到這一點後,立刻補充道:「笑什麼,我說的是『新三綱』。」主持人問:「何為『新三綱』?」

她說：「現在，現在強調民主自由，政客一切以民意為重，豈不是臣為君綱嗎？當前，很多夫妻只生一個孩子，這孩子成了父母的小皇帝，豈不是子為父綱嗎？現在，許多家庭中，妻子的權力遠遠超過了丈夫，『妻管嚴』、『模範丈夫』比比皆是，豈不是妻為夫綱嗎？」

好一個「新三綱」！她的話音剛落，大家為這位同學的應變能力熱烈鼓掌。

這個女學生可能由於緊張，把「三綱」答錯了，但是，她後來對自己「新三綱」的註釋是非常巧妙的，使她不但擺脫了窘境，而且贏得了聽眾。

魅力表達：

「不平常」往往是欽佩與讚賞的孿生姊妹，因為唯有不平常的人才能做出不平常的舉動，當然，不平常不等於不正常。

4. 利用模糊語官巧妙脫身

在辯論和交際中，如果遇到窘境，可以利用模糊語言，機智而巧妙地擺脫出來。

不過，模糊語言雖然具有「委婉」的特點，但由於缺少準

第二步 口才實況大作戰

確性,也容易為人們帶來許多麻煩。在一些場合需要我們仔細辨認,從而明確是非。有這樣一則笑話:

有三個讀書人上京趕考,路過一處高山,聽說山上住著一位「半仙」,能推算出一個人的功名利祿,於是三人便上山求教。聽了三人說明來意,「半仙」緊閉雙眼,伸出一個指頭,卻不說話。三人不解其意,請示解釋,「半仙」搖了搖頭說:「此乃天機,不可洩漏。」三人無奈,只好下山而去。

徒弟悄悄問「半仙」:「師父,你對三人只伸一個指頭是什麼意思?」

「傻瓜,這個竅門還不懂!他們一共三個人,將來如果有一個考中,那一個指頭就代表考中的那一個;有兩個考中,就表示有一個考不中;如果都沒考中,這一個指頭就表示一齊落榜了。」

「半仙」的一個指頭代表三種意思,可謂「模糊」。它之所以能夠服人,並且得到一個「半仙」的綽號,也許高明之處就在於他能運用類似「找著丟不了,丟了找不著」的模糊語言。

可見,模糊語言具有雙重功能,雖然它給我們明辨是非造成一定的障礙,而且一旦為論敵所運用,我們就很難辯駁。但是,它的存在也有一定的合理性,在特定場合,模糊語言用得合情合理,恰如其分,也能夠為我所用,令論敵陷入「迷魂陣」。但是,值得注意的一點是:不要為模糊而模糊,故弄玄虛,那樣會適得其反,使自己陷入輯混亂的泥坑之中。

> **魅力表達：**
>
> 模糊語言的功能即「模稜兩可」，既不肯定也不否定，你說怎樣就怎樣，多好！

5. 因勢利導

這種方法要求面對難堪，煞有其事，順藤摸瓜。因勢利導，用委婉含蓄的語言使難堪自然而然地消失。

有位姓吳的青年教師，剛剛出社會，他替素有「少林俗家弟子」之稱的「瘋狂四班」上第一堂課。這一班全是男生，鬼點子特別多，專愛變著方法為難老師。一進教室，他就覺得氣氛不正常，正想開始講課時，忽然發現講桌上放著一塊木板，上面用粉筆寫著「吳某某老師之墓」。對血氣方剛的青年來說，這無疑是個奇恥大辱。再看臺下，有幾個學生正擠眉弄眼，像是在嘲笑他。一定是他們做的！他氣憤極了，但他沒有發作，也沒有退縮，而是小心翼翼地拿起那塊「靈牌」，一本正經地放到黑板前又恭恭敬敬地在旁邊豎起一枝粉筆，然後轉過身，輕輕地、緩緩地對學生說：「同學們，全體起立！」等大家都站起來，他又說：「讓我們以極其沉痛的心情對吳某某的不幸表示最衷心的哀悼。現在，我提議，全體默哀一分鐘！」以往有好幾個老師面對類似情況，不是在班

上大發雷霆,便是夾起書本扭頭就走。他的這一舉動使同學們大吃一驚,個個面面相覷,不再擠眉弄眼和偷偷嗤笑。接下來,他又故作吃驚地問:「吳某某是誰呀?」聽了這話,同學們都睜大眼睛惶惑地望著他。

他指指自己的鼻梁說:「吳某某者,臺上新任語文老師是也。他沒想到你們這樣敬重他,還為他立了『靈牌』,他在九泉之下得到消息很快就起死回生了,現在他就站在你們面前給你們道謝!」說完,他還真的向全體學生深深鞠了一躬。這一下,同學們都開心地笑了,笑聲是那麼甜美,充滿了深深的敬意和歉意。他用委婉含蓄的語言擺脫了難堪。

魅力表達:

當你看完這則小故事時,難道不會拍案叫絕嗎?難道不想向這位姓吳的老師鞠躬嗎?

6. 明修棧道,暗渡陳倉

這裡棧道借用作轉機修棧道之說,當失誤造成難堪時,將錯就錯,錯中設下轉機,暫時體面脫身,創造一個暗中改正失誤的機會從而使難堪得以解除。

有個演員演「魯肅」上場時匆忙間忘了帶鬍子,他踏著鑼

鼓的節奏,走了過場,來到「周瑜」面前,「周瑜」大吃一驚,但他還是按原臺詞問了一句「你是何人?」「魯肅」照例一摸鬍子,糟了,沒戴!但他並沒有驚慌失措,而是靈機一動,把原詞「我是魯肅」改成了「我是魯肅的兒子」,「周瑜」也將計就計,說:「大膽!你小小年紀想來誆我,這還了得,快快回去喚你父親上來!」「魯肅」心領神會道:「遵命!」就這樣,他又從從容容地回去叫他的「父親」上場了,其實他是回去戴鬍子了。這樣,他們贏得了臺下本來要喝倒彩的觀眾們熱烈的掌聲。這一段中「我是魯肅的兒子」,「快快回去喚你父親上來」就是設下的轉機,有了它,「魯肅」才得以順利地下臺戴鬍子。

魅力表達:

由父親變兒子卻能贏得觀眾的掌聲,這都是智慧的功勞,正所謂急中生智吧!

7. 側面運用對方的思路

在生活中有不少事情是一時講不清、說不明的。當對方利用這一類問題來設置圈套時,置之不理固然不行,但作詳細的解釋或過度的反應也會使自己被動。而順水推舟法則是順著對方的言語和思路,或作巧妙的閃避,或作荒謬的誇飾,在不正面反駁對方言語的同時,卻迂迴曲折地表明了自

己的態度,否定了對方的發難。

一位記者問薩伊總統莫布杜說:「你很富有,據說你的財產達三十億美元!」這一提問針對莫布杜是否廉潔而來,是極其嚴肅、敏感和易動感情的問題,回答不妥,就會陷入尷尬。莫布杜聽後長時間哈哈大笑說:「一位比利時議員說我有六十億美元,你聽到了嗎?」莫布杜不從正面否定或解釋說明入手,而是舉了一個更大數字的例子,以此來表明記者提問的荒唐,間接地否定了提問。

魅力表達:

運用「順水推舟法」時要注意的是;當涉及到重大原則問題時,千萬要考慮仔細,並非任何問題都可以順水推舟,有時多費口舌還是必要的,只有當自己有十分的把握,能夠利用對方的言語「漏洞」時,才可藉機調侃嘲諷一番。

8. 以「褒揚」對方來緩解難堪

這種方法對對方的發難先是默認並按照發難者的旨意付出些行動,只是到後來再用隱含陡然逆轉意味的語言輕輕一點,順理成章地在「褒揚」對方的幌子下使對方陷人跟自己相同甚至比自己更難堪的境地,從而使自己的難堪得以緩解或解脫。

Day8　化解尷尬：讓話題自然升溫

　　張樂平有一幅出名的漫畫〈三毛叫媽〉，畫的是一個貴婦人牽著條狗碰見了三毛，那婦人調笑三毛說只要三毛叫她的狗幾聲「爸」，她就給三毛三十塊大洋。這真是極大的人格侮辱，可是聰明的三毛很快就想出了一條妙計：他如數地叫了那狗幾聲「爸」，那女人在眾目睽睽之下也只好如數把大洋給了三毛，三毛接過錢，不無感激地說：「謝謝您，媽！」這下子，就使那原本高高在上的對方陷入了比自己更難堪的窘境，而自己的機智、幽默又得以顯露出來。

魅力表達：

　　對於與自己為難的人，你要讓他比你更感為難，你以後的日子才能太平。

9. 仿攻

　　仿攻法主要是根據對方提出問題的思維方式、語言方式，將問題反「彈」回去。

　　俄國詩人馬雅可夫斯基不太注意儀表，有一次，戴一頂破帽子外出，幾個遊手好閒的人嘲笑他：「喂，你腦袋上的那個東西是什麼玩意兒？是腦袋嗎？」

　　詩人反問：「你帽子下那個東西是什麼玩意？是腦袋嗎？」

第二步　口才實況大作戰

馬雅可夫斯基模仿對方的語言形式，在回答對方的問題時，巧妙地把「腦袋」和「帽子」調換一下位置，就把對方汙辱又全部還給了對方。提問者嘲笑詩人的帽子破，而詩人利用仿攻法譏諷了對方的大腦貧乏。

利用仿攻法，不但要注重語言形式的「仿」，同時還要注重思考方法的「仿」。有一則故事：

阿凡提開了一個染坊，一個財主有意刁難他。地主拿來一匹布對阿凡提說：「阿凡提，你把這匹布染成不黑、不白、不紅、不綠……不是一切顏色的顏色。」阿凡提溫和地說：「可以，你放在這裡吧。」「那我什麼時候來取貨呢？」阿凡提仿照對方的口氣：「不是週一、不是週二、不是週三、不是週四、不是週五、不是週六、不是週日的那天來取貨好了。」

在這裡，阿凡提以對方刁難的方法來回敬對方，主要是在思考方法上的模仿。這種方法，關鍵是要把握住對方的思路，然後仿照它用另一類事物比喻，使其荒謬顯現出來。

魅力表達：

仿攻法，要側重於仿，而且要仿得好，倘若對對方的問題理解不透，或者對對方的語言形式、方式、方法抓不準，那麼「仿」起來就會弄巧成拙，畫虎不成反類犬，常常會使自己陷入難堪的境地。

Day8 化解尷尬：讓話題自然升溫

別人在講話，你聽著聽著，突然不懂別人針對你而說的話了。而以一種茫然的神情，傻裡傻氣地問：「你在說什麼呀？我聽不懂。」

這完全是明知故問，而妙處就在於此。本來對方處心積慮要誘你說出某些話，而你只需一句：

「你說什麼呀？」攻守位置立刻調換，由於你不懂，對方必須進一步解釋。本來是他畫下編了號的小點要你去連成畫，現在變成他得自己把這幅畫連給你看了。

例如，對方問你：「你昨天晚上到哪裡去了？」你回答：「嗯？」、「怎麼啦？」或是「你問這幹嘛？」對方不得不直接說：「我九點半打電話給你，沒人接。」

又如，對方本來質問：「你喜歡那個女孩嗎？」你一裝糊塗，對方只得說：「我每次過來，都見你和她在說話。」

以上兩種情形中引爆定時炸彈的都是對方，因為你裝了糊塗，本來隱含危機的一句話變成了一句比較容易應付的話，你也就不會被迫不打自招了。

如果對方來勢太凶，最有效的方法是《聖經》上所說，別人打你這一邊臉時，你送上另一邊臉再讓他打。也就是拳王阿里所說的：「站穩了讓對方去打，等他打累，他自然就會倒下。」

假如有人走到你的面前，指著你的鼻子罵你是「慣用暗箭傷人的小子」，你不妨說：「哦？一共有幾支暗箭？」有人

罵:「你是我所見過的最懶惰的人!」你可以回答:「真的?你什麼時候發現的?」

你先承認,然後誘導對方說下去,直到對方辭窮為止。但是使用這個方法的時候有一個要訣:

你要有足夠的自制力,耐心聽他說下去。如果聽到一半你就發脾氣,那就會前功盡棄。

如果你沒耐心也沒時間等對方說到無話可說的地步為止,有個速戰速決的方法,就是把他的棒子接過來,別強裝笑臉聽他罵你,改由你親自動口把自己罵個夠,叫他插不上嘴。

這時候,罵人的樂趣被你占去了,對方自然也就沒戲可唱了。

最後還有一個萬無一失的方法:沉默。如果你對如何應戰沒有把握,別忘記你還有不應戰的自由。你拒絕加入辯論,誰又能把你駁倒呢?再凶的人,遇見一聲不吭的人,就如同空中舞拳,只是比劃,幾招之後就感到索然無味了。

魅力表達:

對於那些無理取鬧的人,你不妨多多採用此法,這樣,與之交鋒過後,你會感覺痛快無比的。

10. 適當運用明知故問

你正在和別人說話，有人說了一句話，令你心裡不痛快，要怎樣才能避免這顆「定時炸彈」爆炸呢？

當然首先要看這顆炸彈定時的長短，爆炸力的大小。但是你基本上可以採用兩種對策：

- 想辦法在炸彈送到之時不當場接它；
- 收到之後原樣退回。簡單地說，就是利用婉轉的方式和針鋒相對的方式予以反駁。有時最好能用婉轉的方式避開，有時則必須給對方以迎頭痛擊。選擇哪一種方式無關緊要，要緊的是你這種方式必須奏效。痛擊的目的是要挺身上前將對方搏倒；避開的目的是對別人的挑釁不予理睬。

下面介紹一些具體的例子：

◆ **「像你這種人，我見得多了。」**

說出這種話的人對你的性格、為人採取的是一種蔑視態度。他未必真的知道你是哪種人，不過是要借這句話來告訴你：他不欣賞你，他看你不順眼。

　A. 完全同意他的話：「經常見嗎？」
　B. 表示像你這種人很不錯：「算你運氣好！」
　C. 故意誤解：「真的，我是 AB 型的，你怎麼知道的？」

D. 慶幸他有這樣好的眼力：「謝天謝地。你不知道好多人沒見過我這種人，害得我常常要作自我介紹。」

◆ 「你以為自己很聰明啊！」

這句話看似問話，又似指責，可以隨其說話的語氣表達不同的意思。同樣，聽者也可以按自己的意願來接受這句話。

A. 你可以把它當成命令，這樣回答：「好，我照你意思做就是。」
B. 當它是一條建議，回答：「你的話很有道理！」
C. 當它是一句問話，回答：「不敢。不過說說看你為什麼這樣想，也許可以說服我。」
D. 當它是個事實，你說出其所以然來：「碰到你，我就會有這樣的感覺。」
E. 回敬他一下：「是啊，本來我以為你很聰明，可是實際上並非如此。」

◆ 「你不要太得意忘形了！」

既然他以一種高高在上的姿態告誡你，你也不必和他爭辯，索性讓他自以為是一番，過足其癮。

A.「有你在，我哪敢忘啊！」
「你教教我，怎樣才不會忘。」
「我不怕，我忘了，還有你呢。」
B. 熱心地說：「你也別忘了。」

Day8　化解尷尬：讓話題自然升溫

◆ 「你怎麼能夠這樣？」

這句話的真正含義是：「你這樣做太不像話了！」

但是這話說出來時卻可以有褒貶兩種解釋。它本來不是問句，卻因為用了疑問句，所以，聽者可以故意曲解。

A. 當它是讚美之辭，就謙虛地回答：「沒什麼難的，熟能生巧嘛！」
「因為我努力吧！」
B. 當它是個疑問句，你可以這樣解釋：「方法很多呀！」
「失敗了再來，總會成功的。」
C. 或者故意調皮一點：「別的樣也成，悉聽尊便，隨時候教。」

◆ 「我沒打擾你們吧？」

你當然不能肯定地回答，因為他這樣問的時候已經有明知故問的嫌疑了。

A. 直接當他不存在：「抱歉，我沒注意。」
B. 你被他煩得受不了，可以說話重些：「以前都不問，怎麼今天問起來了？」
C. 「還沒有。」你答了之後，繼續和另一個人講話，不論他走開還是正糾纏著你，都已經是你占上風了。

第二步　口才實況大作戰

◆ 「我知道你在生氣。」

通常對方會在說了一些令你不悅的話之後,來這麼一句,他所持的態度可能屬於下列情形之一:

- 他有些不好意思,借這句話希望你否認在生氣,他的良心就可以安然了。
- 他在幸災樂禍,如果你已經生氣了(你確實生氣了),也不必裝作大度而辯解。

  A. 鼓勵他再講,看他是否還能講下去:
   「別管我生不生氣,你再講呀。」
  B. 故作否認:「沒有呀!我在想,這兩者的差別你都看不出來嗎?」
  C. 坦然承認:「此時不氣,更待何時?」

◆ 「你真的什麼事也做不好嗎?」

這是抱怨你的話,對方的不滿已經十分明顯了。其實,對方的態度越明顯,你就越容易對付他。

  A. 進行一番推理:「我要是什麼事都能做好,還會和你混在一起嗎?」
  B. 請他指教:「你呢?是假裝什麼事也做不好嗎?」
  C. 立刻舉一兩件你做得好的事:「當然不是!只要我高興,隨時隨地都可以惹您生氣。」

Day8　化解尷尬：讓話題自然升溫

◆ 「這樣對你好嗎？」

當你盡情享受過之後，有人拿這樣的話來掃你的興，你自然不耐煩了。

　　A. 裝作沒聽清楚：「什麼對我好不好？」
　　B. 以比較的方式回答似乎更實在：「嗯，比我預料的要好。」
　　C. 曲解他的意思：「對我不好對誰好？」
　　D. 你不理他，沉默老半天，等他不耐煩了，正要再問你，你就說：「噓！我正在想呢。」

◆ 「我告訴過你，你卻偏不肯聽。」

這是嘮叨的人最喜歡說的一句聰明的話，然而這種話總是「馬後砲」事情發生後才說，如此除了責怪你做錯了事之外，還或多或少有罵你自作自受的意思。

　　A. 為他的一番苦心抱不平：「問題就在這裡，你以後應該去告訴那些肯聽你說話的人。」
　　B. 責怪他沒有說清楚：「我以為你是胡說八道呢。下次你在說正經話之前先講明白，我就會聽了。」
　　「你應該寫下來才對。」
　　C. 諷刺諷刺他：「現在我知道為什麼有那麼多人排著長隊等著聽你的指教了。」

第二步　口才實況大作戰

◆「你在說什麼呀？連你自己都不懂！」

這確實是一句十分難聽又令人冒火的話。就算對方說的有理，也不該用這樣無禮的字句。可能你的言語有些不夠明了，但也絕不至於讓他說得這麼糊塗。如果有人對你說這種話，十之八九是冤枉了你，因為對方顯然是有了怒氣或不滿，所以才講出這樣的話。很可能是你所說的話觸及了令他不高興的事，他才不顧禮貌地要打斷你。

此時如果你馬上要他把這句話講清楚，那就大錯特錯了。如果你反問：「你憑什麼說我不懂？」

或是：「你這樣說有什麼根據？」這立刻就顯出你心虛，也顯出對方的無禮指責似有幾分正確。最糟糕的是，話題馬上就會轉移到你懂或不懂之上。假如你的確懂得很多還不礙事，否則你將處在被攻擊的地位，就會不斷慌忙地為自己作出種種辯白。

其實，你應該把話題固著於對方的這一句話上，運用如下方法：

　A. 如果對方語氣不很惡劣，你可用玩笑的口吻說：
　　「我以為你聽不出來我根本不懂呢。」
　　或是：「你真的那麼在意我懂不懂嗎？」
　B. 如果你聽出對方的語氣帶有幾絲不解和憤怒，你可這樣回答：「你懂嗎？」

C. 如果你聽出對方的話含有輕蔑的意思，你的回答不妨尖刻一點：「你說對了。不過我覺得我懂不懂，你聽起來都一個樣。」

或是：「不錯，我們兩個本來就差不多，你也好不到哪裡去。」

D. 如果對方明顯是有意當眾羞辱你，而且講話的聲音特別大引來他人的注目，此時你可以保持鎮靜，面露微笑地說：「既然如此，那我來講出一件我一清二楚的事，就是你這個人的教養問題。」

◆ 「你到底想不想回答我的問題？」

這是一句威脅的話，但是說話的人已經顯示了無可奈何的意味，目標主要不是指向你，而是指向他要求你回答的話，你當然不必把目標扯到自己身上。

A. 吊他的胃口：
「恐怕不想，不過現在還言之過早。」
「如果我說不回答，你是不是會被氣跑？」

B. 你也以威脅的口氣作答：
「為你著想，還是不答為好。」

C. 答應他的要求．但是不遂他的心願：
「當然要答，明天早上我就寫信答覆你。」

第二步　口才實況大作戰

◆ 「我真佩服你這麼看得開。」

其實,他是在罵你缺乏頭腦,不知思考,考慮不周……可是你聽見的卻是這句貌似讚美的話。

　A. 和他客氣一番:「哪裡哪裡,你我彼此彼此。」
　B. 不妨欣然接受他的讚賞:
　　 「的確令人佩服是不是?我對自己的這個優點尤其引以自豪!」
　　 「你的這種態度是正確的,值得保持下去。」

◆ 「你父母是怎麼教育你的?」

談話中突然牽扯到你的父母,這是最令人惱怒的事,但是千萬別因為父母受了指責而生氣。對方與父母無冤無仇,並不打算侮辱他們,他的目的是惹你發火。

　A. 你可以這樣說:「我是爺爺奶奶帶大的。」
　B. 你默默地想一會,然後說:「我記不得了,恐怕得麻煩你親自去問問他們。」
　C. 作肯定的答覆回敬他:「我記得他們教育我不可以問這樣無禮的問題。」

◆ 「你有沒有考慮過後果?」

不管後果如何,需不需要考慮,這都是你自己的事,偏偏世上就有這種愛為別人操心的人,要不要接受他的好意,主權都在你。

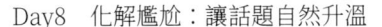

Day8　化解尷尬：讓話題自然升溫

A. 恍然大悟地說：「我說嘛！好像忘了一件什麼事，原來就是後果！多謝你的提醒。」
B. 嚴肅些：「我覺得還是由你考慮比較好。」
C. 煞有其事地說：「我聽說只要有青黴素，什麼後果都不怕。」
D. 認為必須按部就班：「還沒有，那是下一個步驟。」

◆ 「你還拿自己出醜呀！」

馬克‧吐溫說過，必須有兩個人合作才能傷害到你，那就是敵人和友人。敵人說了中傷你的話，朋友再把這話傳到你的耳朵裡。嘮叨的人則是身兼兩職，由他一個人當面把你的短處告訴你，自然又是為了你好。你可以拒絕接受這份好意，況且他雖然看出了你自己都未覺察的缺點，他的看法也未必絕對正確。

A. 保持幽默的態度：
「答對了，我是出醜。你再猜猜看我現在在做什麼。」
（然後你就走開。）
B. 「怎麼，這是你的專利嗎？別人偶爾做做都不可以？」
C. 說明你這麼做的原因：
「這樣總比出你的洋相好。」
「我本來是好心，怕你一個人出醜太孤單……」

第二步　口才實況大作戰

◆ 「我真不忍心看你糟蹋自己的身體。」

這種話和勸你多吃、少吃、少抽菸、少喝酒的話類似，許多人只是順嘴說說而已，並沒有什麼誠意，不過是想找個藉口掃你的興，數落數落你。

A. 「那你幹嘛要看呢？」
B. 「我也不忍心，所以我不看。」
C. 轉移話題：
　　「怎麼，難道你還知道有什麼可以幫我來糟蹋的嗎？」
　　「我不糟蹋自己的身體，難道去糟蹋別人的嗎？」
D. 幽默一點：「總比糟蹋衣服好。」
E. 乾脆拉下臉來：「我不忍心看你來。」

◆ 「這種東西你怎麼吃得下去？」

對方問這句話通常是在你嘴裡正吃著東西的時候，你可以把東西慢慢嚼完，嚥下去，然後回答他的話。

A. 「很容易，你看，就是這樣吃。」（同時你再吃一口，作示範。）
B. 一本正經地說：「我想到非洲有那麼多人挨餓，我就有胃口了。」
C. 告訴他一個不為外人所知的原因：「因為可以治感冒呀！」

Day8　化解尷尬：讓話題自然升溫

◆ 「我怎麼從來沒聽人提起過你？」

這是有意藐視你的存在。他有沒有聽說過你是他的事，你自然沒有義務替他尋找原因。

　A. 笑一笑再說：
　　　「因為我的行蹤詭祕。」
　　　「因為我的電視特集還沒有推出呢！」
　B. 輕鬆地說：「你都聽人提起過誰呢？柯林頓？」
　C. 如果對方和你都是男性，可以這樣回答：
　　　「因為我叫你太太不要告訴你。」（如果妳和對方都是女性，可以改為「先生」。）
　D. 最簡單的回答：「我不知道。」

◆ 「你不知道你這個樣子有多難看！」

嘮叨的人就是這樣，有許多事不用你說，你甚至還未覺察，他就忙不迭地告訴你。

　A. 把這件事告訴他：「我不用知道，反正有你告訴我。」
　B. 再進一步徵求他的意見：「我知道了對我有益嗎？」
　C. 你知道他的用意：「我幹嘛要知道？我知道了，你不就沒事做了。」

第二步　口才實況大作戰

◆「這話我不喜歡聽！」

這話也是威脅，意思是告訴你：「你說這話讓我生氣了，我警告你下次不許再講。」當然你不必自找麻煩去理會他的話外之音，僅回答字面意思即可。

A. 表示對他的好惡十分關心：
「一點也不喜歡嗎？」
「那麼你究竟喜歡聽什麼呢？」
B. 歸咎於他的挑剔態度：
「你不試試，憑什麼就知道你不喜歡呢？」
「這種興趣是需要培養的呀！」
C. 好心安慰他：
「第一次聽難免不喜歡，慢慢就會習慣了。」

魅力表達：

對於想打擊你的人，你也不必對他謙虛，不妨故意「自大」點，讓他自討沒趣。

Day9　大聲說「不」的藝術

第二步　口才實況大作戰

1. 拒絕的表達方式

　　羅斯福神祕地向四周看了看，把身子向朋友移了移，壓低聲音說：「老朋友，你能保密嗎？」

　　他的朋友以為羅斯福要把機密告訴他，便非常肯定地說：「當然能！」誰知羅斯福也非常肯定地說：「我也能！」

　　語言包括有聲語言和非有聲語言兩種，其中有聲語言，又是語言交際的主要途徑。有聲語 g 是由聲音和語言兩種因素組成的，沒有聲音，也就沒有有聲語言，正所謂「皮之不存，毛將焉附」。而即使有了聲音，不同句式的選擇，結構的安排，表達的效果也大不一樣。況且，語音的輕重，語調的高低、語氣的抑揚，更是千差萬別，具有豐富的含義。據說，英語中的同一個單字「YES」，在不同的語境下，用不同的語氣，不同的語音，不同的語調來表達，竟然有二十多種不同的意思。因此，在不同的場合，說不同的話，用不同的語氣、語調、語音，就非常重要。俗話說：「良言一句三冬暖，惡語傷人六月寒。」「一句話可以把人說笑，一句話也可以把人說跳。」作為要想拒絕別人來說，就更應該注意這方面的問題。因為，我們拒絕別人，本身就很容易讓人生氣，所以如果我們不注意表達方式，就會造成很壞的影響。

　　那麼，要拒絕別人時，說話應該注意哪些問題呢？

Day9　大聲說「不」的藝術

(1) 說客氣話

不能因為對方提出的要求，自己不能夠接受，就出言不遜、出口傷人。常言說：「買賣不成仁義在。」即使別人對你的要求，在你看來非常過分，你也應耐住性子，對人以禮相待。這樣，就給你拒絕別人鋪了一條好路；否則，你認為別人的要求非常不合理，使你難以接受，你就對他毫不客氣，臉紅脖子粗地大吵一頓，一下子就把你要拒絕別人的路子堵死了。以後，你無論怎麼說，他恐怕也很難接受你的拒絕。而且，你還會給人留下很不好的印象，以後別人就再也不願意與你接觸了。

所謂說話客氣，就是對人要有禮貌。既然自己要拒絕別人，對方一定也是很不願意的。因此就要給對方安慰，多說幾個「對不起，請原諒」之類的話，這樣，即使你拒絕別人，他也容易接受些。

反之，你對之說話毫不客氣，不把別人放在眼裡，事情往往會被搞糟。如：雖然已是深夜十二點鐘，可是隔壁的鄰居家裡仍然是音響震天響，而且又叫又跳，惹得四鄰不安。這時，如果你跑過去敲開門，對他們大吼大罵一通，試想該是什麼結果呢？恐怕很有可能發生爭執，甚至還有可能大打出手，使鄰里關係出現裂痕。

真正善於交際的人，是很少發火的，更不會出口傷人。

第二步　口才實況大作戰

唐宋八大家之一的蘇軾在〈留侯論〉中說，「匹夫見辱，拔劍而起，挺身而鬥，此不足為勇也」，「率然臨之而不驚，無故加之而不怒」才是有大智大勇的人。要想順利而成功地拒絕別人，就應該學會有忍性。即使在對方無理取鬧的情況下，也應該客客氣氣地拒絕別人，因為客氣本身就是一種無形的力量。

(2)謙和的語態

在日常交往中，我們常有這種感覺，同樣是一句話，用不同的態度說出來，就會有不同的效果。

比如同樣是「謝謝你」三個字，如果你用謙恭的語態表達出來，別人會感到很高興；而你要是用冷淡而生硬的語態表達出來，我想別人寧可讓你用愉快的聲音罵他幾句。

在拒絕別人時，究竟用什麼樣的語態更好呢？實際證明，謙恭的語態更能使對方容易接受自己的意見，促進雙方感情的融洽。俗話說：「感人心者，莫先乎情。」拒絕的話，誰都不願意聽，但又不能不說。這就要求拒絕者要在語言上下功夫，透過語言交流，增強彼此間的感情溝通，給對方以「自己人」的感受。如果能夠形成「自己人」的定勢，站在對方的立場上，從對方利益出發解釋問題，對方就會聽信，容易接受你的拒絕。反之，語氣生硬，不僅很難達到拒絕的目的，而且還會傷害對方的情感，很可能還會引發不必要的矛盾衝突。

Day9 大聲說「不」的藝術

比如：某儲戶對提前支取定期存款要持身分證的規定嫌麻煩，有意見。這時，如果儲蓄員說：「就這個規定，你不拿身分證就不給支，有意見找主管去。制度又不是我定的，跟我說有什麼用。」

我想如果儲蓄員向你說了這番話，你的心裡一定不會好受，定會氣鼓鼓的。但是如果儲蓄員換一種說法，比如說：「這是銀行的統一規定，到哪裡都一樣。因為我們得保證儲戶存款的安全，萬一存摺丟了，別人撿到也取不走。」其效果顯然就會大不一樣。儲蓄員從儲戶的角度出發，耐心地給予解釋，對方當然會願意接受。

同時，為了表現出語態的謙和來，最好不使用諸如質問之類的語氣。例如：你的上司某次把一項任務交給你做，你從心眼裡討厭這項任務，但你絕不能這樣說：「為什麼偏偏讓我做？你不會找別人嗎？」如果你確實為難，你就應該用和緩的語氣，把理由說出來，上司考慮到你的實際情況，一定會願意接受你的拒絕的。粗暴生硬的語態，無異於給本來已經很難進行的拒絕火上澆油，是應該避免的。

知道了拒絕別人的語言要求，還要採用靈活巧妙的方法，下面就為你介紹幾種常見的拒絕別人的語言技巧：

凡是學過宋詞的人都知道，宋朝的詞人大體上可以分為豪放派和婉約派兩類。豪放派講究直抒胸臆，氣勢磅礴，如

第二步　口才實況大作戰

蘇軾的「大江東去，浪淘盡，千古風流人物」。婉約派的詞則比較細膩、溫柔，如涓涓細流，比如柳永的「楊柳岸，曉風殘月」。在拒絕別人時，採取豪放派的做法是不大行的，而最好採取婉約的手法，用委婉的語氣來說「不」。

古代的時候，皇帝擁有生殺予奪的大權，他手下的大臣經常有「伴君如伴虎」的感覺，不知道什麼時候就輪到自己掉腦袋。因此，一般情況下，誰也不敢惹惱皇帝，除非他是活膩了。但是，為了國家的興亡和百姓的安危，一些正直的大臣，還是經常捨生忘死地向皇帝和統治集團們進諫。為了不使統治者惱怒，而殃及自身，他們就經常採用委婉的方法提出自己的建議。中國史書上記載的這樣的例子很多，我們從中可以學到許多寶貴的經驗。

《戰國策‧齊策》中記載著這樣一個故事叫〈鄒忌諷齊王納諫〉。齊威王之相鄒忌，身高八尺有餘，儀表堂堂，風度翩翩。一天早上，他穿戴好衣帽，照著鏡子，問他的妻子：「我跟城北的徐公，誰漂亮？」他的妻子說：「當然是您漂亮了，徐公哪能比得上您呀！」城北的徐公，是齊國的美男子。鄒忌自己不相信，又去問他的妾：「我跟徐公比，誰漂亮？」妾也說：「徐公哪能比得上您哪！」第二天，有位客人從外邊進來，鄒忌坐著同他聊天。他問客人道：「你看我和徐公誰漂亮？」客人回答說：「徐公不如您漂亮。」過了幾天，徐公來

Day9 大聲說「不」的藝術

了。鄒忌仔細地看他,自己認為不如。照著鏡子看自己,更覺得不如,相差很遠。晚上,他躺在床上左思右想,終於悟出了一番道理:「我的妻子說我漂亮,是因為偏愛我;我的妾說我漂亮,是因為怕我;客人說我漂亮,是因為有求於我。」

於是第二天,鄒忌進朝去見齊威王,說:「我確實知道自己不如徐公漂亮。可是我的妻子偏愛我,我的妾怕我,我的客人想求我幫助,都說我比徐公漂亮。如今齊國方圓一千多里,城池一百二十座。宮裡的后妃和左右侍候的人,沒有誰不偏愛大王的;朝廷上的臣子,沒有誰不怕大王;國境之內,沒有誰不向大王尋求幫助。從這點來看,大王受到的蒙蔽可厲害啊。」

廣齊威王聽後,心覺有理,說:「好!」於是就下了一道命令:「文武百官和百姓能夠當面指責我的過錯的,受上等賞;寫信規勸我的,受中等賞;能夠在公共場所指責議論我讓我聽到的,受下等賞。」

命令剛下達時,群眾紛紛進諫,宮門口和院子裡像鬧市一樣人來人往。幾個月以後,要隔一些時候,才間或有人進諫;兩年之後,雖然有人想說卻沒有什麼可以進諫的了。

讀了這則故事,我不僅對齊威王的善於納諫,接受臣下意見而喝采,更為鄒忌勇於進諫和善於進諫而拍案叫絕。鄒忌在向齊威王進諫時,根據自己生活中的一件小事,透過委

第二步　口才實況大作戰

婉曲折的方式,逐漸把齊威王引到納諫的問題上來,使齊威王很自然地便接受了自己的主張,還連聲說「好」,為齊威王迎來了門庭若市的進諫隊伍。試想,齊威王開始時一定不太喜歡接受別人進諫,而鄒忌如果直接勸他納諫,果斷對國君說「不」,那後果一定是不堪設想的。他之所以能進諫成功,就是採用了委婉語氣的方法。

其實,委婉的語氣不僅適合於政治上對人的勸說、拒絕,更多地是用於生活之中。我們在生活交往中,所接觸的對象,不是家人,就是親戚朋友、同學師長,因此在需要拒絕別人的時候,更應該用委婉的語氣。

比如:在家庭中,幾乎每個人都可能遇到自己的意見、看法與長輩不同的時候。在這種情況下,均不可因年輕氣盛,與長輩發生頂撞。而應耐心地進行解釋,講明自己觀點的合理性,以委婉的方式拒絕他。長輩對晚輩一般都寄予厚望,出於愛護,他們往往對晚輩提出一些批評和建議,這時如果晚輩對他們尖銳地拒絕成反抗,往往令他們很難接受,也很傷心,雙方之間的關係也很可能因一件小事而導致破裂,因此必須妥善處理。

一位青年,五專畢業後,自己在一個小工廠找了一份工作,準備去應徵。這時,正好他父親託人在一家大公司為他找了一份職務,聽了兒子的意向以後,父親表示堅決不同

意。面對這種情況,如果兒子與父親據理力爭,大發脾氣,肯定會在父子間產生隔閡。而這位青年對此事處理得卻非常好,他心平氣和地對父親說:「這間工廠我了解過了,很有前途,生產的是高科技產品,和我學的專業很對口。再說我想,大公司好是好,可是人才濟濟,我一個副學士,到那裡要想做出一番事業,恐怕很難。可是在這個小工廠就不同了,我去那裡,廠長要我馬上把技術工作學起來,這是多好的機會呀!爸,我從小就依靠你們,您常批評我沒有出息,沒有主見,希望我成為一個敢說敢為的男子漢。我現在長大了,覺得您說得對,我這次的決心就是自己獨立想出來的,我想您一定會支持我的。這麼多年你們一直替我作主,您就讓我自己作一次主,行嗎?」

聽到這裡,父親還能說什麼呢?兒子說的話句句在理,他終於點頭了。一般說來,長輩都是很通情達理的,只要年輕人善於理解他們的苦心,能夠對他們進行耐心地說服,他們還是願意接受晚輩的意見的。

另外,對於夫妻間來說,雖然說是親密無間,但在拒絕對方時,也要注意尊重對方,不要以為「人熟不講理」,語言粗暴,不講說話技巧。其實許多家庭的破裂,就是因一些細枝末節的小事引起的。在拒絕對方時,採用委婉含蓄的表達方式,將會使您的家庭更加和睦,夫妻關係更加協調。

比如：有這麼一對夫妻，丈夫非常喜歡收集古玩。節假日經常一個人跑到古玩一條街上轉，見了什麼喜歡的東西，就想買到手。做妻子的對此非常反感，別人的丈夫一到節假日就陪妻子到處玩，而自己到節假日總是一個人獨守空房，面對的都是一些盆呀罐呀的古董；另外，由於兩個人都是普通上班族，每月的收入並不很多，而丈夫又拿走一大半去買古玩，因此生活上顯得很拮据。

面對這種情況，妻子幾次都想發火，但她都壓住了。最後，她找了個機會，藉討論「投資升值」問題，對丈夫進行勸說。她說：「眼下股市不穩，經商我們又沒那時間和心理承受力，也吃不了那苦；買藝術古玩，一是你眼力不夠，二是財力還差，三是週期太長，玩『大』了，還有許多風險。我看，我們不如賺錢買間房，改善一下居住條件，就現在這麼點坪數，你買了古玩也擺不開呀！」妻子的一席話，語氣委婉，又入情在理，說得丈夫開了「竅」，從此不再輕易花錢買那些缺邊少角的瓶瓶罐罐了。

(3) 模糊語言法

在社會交往中，我們會經常有這種感覺，就是我們對某人提出的要求，在不知不覺中，竟「被迷迷糊糊地拒絕了」。這時對方採用的就是模糊語言的方法，無疑這種方法也是相當高明的。在拒絕中，一方對另一方提出的問題，不做明

Day9 大聲說「不」的藝術

確的肯定或否定,而採用模稜兩可,似是而非的語言給予答覆,搞得對方不知你是贊成還是反對,讓人抓不著頭腦;或者故意偷換概念,轉移話題,不對問題正面回答,或乾脆置之不理。這就是拒絕別人的「模糊語言法」。

一般情況下,我們都認為,社交活動中語言表述應力求清楚明白,少用或不用模糊語言,這是對的。但是,在具體應用中,並不排除語言多種技巧的運用。適當而巧妙地運用一些諸如「大概」、「也許」、「可能」之類的模糊語言,有時會給你的講話提供巨大的幫助。尤其在需要拒絕別人的情況下,巧用模糊語言,可以造成化解對方壓力,提高自己主動性的作用,給人的感覺彷彿是吃了一顆「棉花彈」,不知不覺便處在了被拒絕的位置。

在論辯語言中。模糊語言被看作是最神奇、最實用的語言。這是因為,在一場論辯中,雙方唇槍舌劍變幻莫測,不可能事先準備好稿子,也不可能像寫文章那樣地字斟句酌,還要進行嚴密的邏輯論證,對所引的數據進行考證等。論辯中只能臨場發揮,即興應答,根本沒有足夠的時間去仔細考慮,因此就需要經常地使用模糊語言。例如:「這個村的絕大多數年輕人均已離鄉工作。」這裡的「絕大多數」就是個模糊概念,究竟是指多少呢?占總數的百分之幾?雖然沒有說,但聽眾是可以理解的,也就沒有必要說出具體數字;否則,

第二步　口才實況大作戰

如果加上了具體數字,反倒給人不真實感,變得畫蛇添足。

模糊語言的適應性很強,而且具有很強的應變功能,靈活運用模糊語言,有時可以幫助我們擺脫困境。北宋著名政治家王安石的兒子王雱小的時候,有一次有人把他領到一個裝有一獐一鹿的籠子跟前,問他:「你能說出哪隻是獐,哪隻是鹿嗎?」王雱確實是分辨不出,他苦思良久,然後答道:「獐旁邊的那隻是鹿,鹿旁邊的那隻是獐。」那人聽後大為驚奇,對他的巧妙回答深嘆不已。

這裡,王雱回答時所用的就是模糊語言,他的回答語出驚人,甚是巧妙,不僅別人無以辯駁,而且使自己擺脫了困境,顯示出模糊語言的神奇力量。

此外,模糊語言若是用得恰當,還可以兼具修辭的功能。例如:在一次記者招待會上,《紐約時報》的記者馬克斯‧法蘭克爾向季辛吉詢問美蘇會談的「程序問題」:「到時,您是打算點點滴滴地宣布呢?還是來個傾盆大雨,成批地發表協定?」季辛吉巧妙地回答:「我明白了,你看,馬克斯和他的報紙一樣,多麼公正啊。他要我們在傾盆大雨和點點滴滴之間任選一個,所以我無論怎麼辦,總是壞透了。」他略微停了一下,然後一板一眼地說:「我們打算點點滴滴地發表成批聲明。」於是全場哄堂大笑。季辛吉的回答,用形式邏輯和語法觀點都是難以解釋的,但是有模糊語言的觀點卻可

Day9 大聲說「不」的藝術

以解釋。季辛吉的回答不是非此即彼的確定式，而是似是而非的模糊式。由於其中的奧妙留給了聽眾，所以又富有幽默感。他用這種模糊的回答方式，似是肯定了記者的觀點，但實際上卻對記者所提出的兩種觀點都進行了反駁。拒絕，從而充分展現出了模糊語言的妙用。

凡是跟上司或政府官員打過交道的人，大都有這樣一個感覺，就是他們很喜歡諸如「考慮考慮」、「研究研究」、「看看再說」之類的話。他們在這裡所用的就是模糊語言。一個人如果聽到上司或官員對你說出這樣的話，你確實就應該「考慮考慮」了，八成不是你求他辦的事毫無希望，就是他話裡有名堂，你恐怕要對他「意思意思」才行。

生活中，運用模糊語言拒絕別人的例子很多。比如：你遇到有人向你推銷電鍋，你雖然心裡不想買，但你又怕說出來傷人面子，於是你便可以說：「買不買我還沒想好，等過一段時間再說吧。」

這裡你雖然沒有直接地說出不買，但你給了人家一個模糊的答案，實際上也就等於把他拒絕了。又如，你到鄰居家去玩，鄰居家剛買來一臺彩色電視，正在試看。這時他問了你一句：「你看我們家的彩色電視效果怎麼樣？」你看了一下，覺得不太好，但又不想掃他的興，你可以說：「造型還可以。」這裡你沒有正面回答他的提問，而是把問題稍作轉移，

第二步　口才實況大作戰

讓對方感覺不置可否，其實就是拒絕了回答他人問題。

另外，採用模糊語言，有時也指故意裝糊塗，或對問題支支吾吾，含含糊糊，或乾脆裝作不知道或沒聽到別人的問題。

例如：美國臭名昭著的「水門」事件中，眾議院舉行了許多聽證會，許多精明厲害的眾議員們，以如刀似槍的連珠炮似的追問，撬開了許多證人的嘴巴。唯獨有一位證人在眾多的眾議員面前，整整坐了兩天，被問了數不清的問題，但幾乎連一個問題也沒答出來。這個證人似乎一直無法完全理解眾議員提出的任何問題，從頭到尾都在答非所問，同時還傻乎乎地面帶一臉迷人的笑容，所有的議員都拿他沒辦法。最後，對他的聽證是唯一沒有收穫的聽證會。這樣看來，關鍵時刻裝裝傻，說些令人迷糊的話，有多麼管用。在這種情況下，即使神仙都拿他沒辦法，這可真是「大智若愚」呀！

人際交往中，時常會遇到別人尋釁滋事，故意與自己或他人過不去。事實上，作為挑釁者，他們大多是蓄謀已久，或是有所依仗，因而才敢膽大妄為。因此，他們是滿心希望你與他針鋒相對，唇槍舌劍，透過這樣誘你入套，逼你就範，從而達到他們的目的。對待這種人，你不妨對他們的挑釁裝作不知道，讓他們的陰謀不能得逞。

例如：某連鎖餐廳有位姓張的小姐，人長得非常出眾，

Day9　大聲說「不」的藝術

因此經常有些不三不四的小青年，對她出言不遜、但她總能靈活地予以對付，堪稱遊刃有餘。

有一次，又有幾位男青年找上門來，盯著張小姐就說：「妳就是張小姐嗎？聽說妳長得很漂亮，我們兄弟幾個特意來看看妳。」對於這樣的事情，一般的服務員也許要麼破口大罵，要麼針鋒相對進行反擊。但是這樣一來，就會影響到餐廳的生意，而且當面給他們下不來臺，他們很可能以後經常來搗亂，對餐廳的名譽也有影響。

面對此情，張小姐並沒有發怒，而是微笑著說：「你們是來喝酒的吧？別光說漂亮話，幾位吃點什麼？」幾位青年一見，面面相覷，反而不知如何是好，只好坐下來點了幾道菜了事。

這裡，張小姐對幾個青年的挑釁裝作不知道，反而笑臉相迎，熱切招待，對他們的話置之不理，而是單刀直入地問：「你們是來喝酒的吧？」這給幾名青年一個既貼切又不失禮貌，同時又隱含諷刺的招呼，意在把他們的氣焰化解掉。接著進行反擊道：「別光說漂亮話，幾位吃點什麼？」既暗示了對方語言的無禮，又彬彬有禮地盡到了服務員的職責；同時拒絕了別人無禮的挑釁，照顧了酒店的生意，從而贏得了老闆的好評。

第二步　口才實況大作戰

(4) 幽默法

「幽默法」一詞，是個外來語，與中文的「玩笑」、「風趣」的意思有些相似。幽默，歷來都被人們所重視。培根說：「健談者必善幽默。」契訶夫說：「不懂得幽默的人是沒有希望的。」莎士比亞也說：「幽默和風趣是智慧的閃現。」幽默是思想、學識、智慧的靈感在語言運用中的美麗結晶，是一瞬間的睿智和靈性的火花，被人們看作是有較高文化修養的象徵。美國的馬克‧吐溫，中國的魯迅、老舍以及錢鍾書等文學家，語言都非常幽默，被稱作文學上的「幽默大師」。

幽默之所以被人們這樣重視，是因為它能夠給人們的社會交往帶來許多好處。首先，它是人與人之間相互關係的潤滑劑，它可以使人們的交際氣氛變得更加和諧融洽，縮短人與人之間的心理距離，消除緊張感和對立情緒。1968 年尼克森當選美國總統之後不久，訪問了倫敦。當時，英國首相威爾遜剛剛任命曾經批評過尼克森的刊物——《新政治家》的前任主編弗里曼為駐美大使，因此，在一次有弗里曼參加的國宴上，氣氛顯得有些緊張。尼克森見此情景，馬上站起來說：「大家現在都可以放鬆了，因為現在他是新大使，我是新政治家。」眾人聽了尼克森的話，全都哈哈大笑起來。

尼克森利用幽默把緊張的氣氛驅散了，整個宴會大廳立刻活躍起來。

其次,幽默還能幫助聽眾理解內容。幽默是把內涵形象化的一種方式,能夠使聽者更好地理解問題的實質。例如列寧在批駁德國政府的愚民政策時說:現在德國政府已經昏頭昏腦,當整個德國都已經燃燒起來時,他還以為把自己的消防隊的水龍頭對準一幢房屋,就可以把火滅掉。在這裡,列寧把德國岌岌可危,而又自我欺騙的形象,利用幽默的手法,鮮明地展現在了人們的面前。又如魯迅在諷刺那些極端個人主義者時說他們:希望全世界的人都死光,只留下自己和一位心愛的女孩,同時還必須留下一個賣大餅的。魯迅對他們的批判可謂是淋漓盡致,入木三分。

另外,幽默還有助於顯示自身的力量。當你身陷窘境時,一句幽默的話,不僅可以使你化險為夷,而且還會展現出自己處亂不驚,臨危不懼的姿態,從而給予對方震懾。例如:一位生物學教師在講課時,突然有一個學生在下面學公雞叫,頓時惹得全班一片哄笑。這位教師鎮定自若地看了看自己的手錶說:「我這支錶誤事了,沒想到現在都已是凌晨。不過請同學們相信我的話,公雞報曉,只是動物的本能。」老師的一句話,使教室裡的哄笑立刻都停止了,人們的目光全都集中到那個學雞叫的學生身上,而他則臉上鮮紅,簡直感覺無地自容。

幽默的語言,能夠為生活增添許多光彩,能夠使您在社

第二步　口才實況大作戰

交活動中更受歡迎，從而使您獲得更大的收穫。古羅馬的雄辯家西塞羅就曾這樣說過：「笑話和幽默令人愉快，往往還是極為有用的。」如果能夠把幽默用在對別人的拒絕上，也同樣會收到奇異的效果。

例如：美國前總統羅斯福在當選總統之前，曾擔任海軍部的高級官員。一次，他的一位好朋友聽說美國海軍在加勒比海祕密地建造潛艇基地，便問羅斯福有沒有這回事。羅斯福神祕地向四周看了看，把身子向朋友移了移，壓低聲音說：「老朋友，你能保密嗎？」

他的朋友以為羅斯福要把機密告訴他，便非常肯定地說：「當然能！」

誰知羅斯福也非常肯定地說：「我也能！」

他的朋友先是一愣，繼而哈哈大笑起來。不過，他再也不好向羅斯福問有關潛艇基地的事了。

羅斯福作為一名海軍高級官員，當然懂得保守軍事機密的紀律，但是面對好友的詢問，他又不好直接回絕別人。在這種情況下，他能夠運用幽默的語言，給予對方巧妙的拒絕，既不傷害朋友之間的感情，又避免了違犯軍紀，真是一舉兩得，堪稱社交活動的典範。

社會生活中，我們經常會遇到一些需要拒絕而又不好拒絕別人的時候。這時我們如果巧妙地運用一些幽默，往往會

得到滿意的結果。某位企業家在飛往香港創辦公司的時候，剛下飛機，就遇到香港一位記者上前發問道：「先生，請問您這次帶了多少錢來？」企業家見是一位女記者，遲疑了一下，然後便答道：「對女士不能問歲數，對男士不能問錢數。小姐，妳說對嗎？」女記者聞聽此話，自知失語，無言以對。企業家的一句話，既達到了迴避的目的，又有幽默感，比用支支吾吾，或僅以「哼哼」、「哈哈」聲來掩飾，不知強了多少倍。

幽默的方法，在拒絕他人的方面，確實有著獨特的優勢，它不僅能用幽默的語言反駁對方的錯誤觀點或無理要求，而且又不傷及對方的面子，不會損傷彼此的感情，是人們在社交中經常採用的方法。但是能夠很好地運用幽默，做到恰到好處，也是很不容易的。這需要深厚的修養、豐富的社交經驗和靈活的應變能力作為堅強後盾，否則就會流於形式，起不到好的作用。

1946年春天，審判日本戰爭罪犯的遠東國際軍事法庭在東京開審。梅汝璈法官作為日本投降的接受國之一的法官代表，參加了這次審判。

出席軍事法庭的N國法官齊聚東京後的第一件事，就是討論法庭上的座次排列順序問題。除庭長經盟軍的最高統帥長官麥克阿瑟指定，由澳洲德高望重的法官韋伯擔任外，其餘還

第二步　口才實況大作戰

有美、中、英、蘇、加、法、新、荷、印、菲的幾國法官的座次排列的順序問題。庭長毫無疑問居中而坐，庭長邊的第一把交椅屬於誰呢？法官們展開了激烈的爭論，因為這關係到法官所代表國家在審判中的地位。這實際上是一場政治談判。

帶有傾向性的庭長和某些國家的法官，有意把此座讓給英國法官。為了國家的聲譽和尊嚴，梅法官決心要爭取到這把交椅。當時的中國雖然號稱「世界四強」之一，但是國力不強，徒有虛名，沒有足夠的競爭實力。怎樣才能實現這一目標呢？梅法官想好一套談判策略。

談判開始後，他首先說：「若論個人之座位，我本不在意。但既然我們代表各自的國家，我還需要請示本國政府。」此言一出，滿座皆驚，因為各自一請示，來回反覆，勢必曠日持久，遠東軍事法庭何日開庭，則無法確定。

望著各國法官們的驚訝神色，梅法官說道：「我認為，法庭座次應按日本投降時各受降國的簽字順序排列才最合理。首先，今日係審判日本戰犯，中國受日本侵害最嚴重，而抗戰時間最久，付出犧牲最大，因此有八年浴血抗戰歷史的中國理應排在第二；再者，沒有日本的無條件投降，便沒有今日的審判，按各受降國的簽字順序排座，實屬順理成章。」

梅法官說到這裡，略作停頓，讓人家思考一會。然後又用「幽默法」來加強自己的觀點：「當然，如果各位同仁不贊

Day9 大聲說「不」的藝術

成這一辦法，我們不妨找個體重測量器來，然後以體重之大小排座，體重者居中，體輕者居旁。」梅法官的話音未落，滿座均已忍俊不禁。庭長韋伯說：「你的建議很好，但它只適用於拳擊比賽。」

梅法官接著說：「若不以受降國的簽字順序排座，那還是按體重排好。這樣，即使我被排在末座也心安理得，並可以對我的國家有所交代。一旦他們認為我坐在邊上不合適，可以調派一名比我肥胖的替換我呀！」話音剛落，又是一陣哄堂大笑。

笑完之後，又經過一番周折，最後只得按梅法官的建議排座。他代表中國，坐上了庭長左邊的第一把交椅。

在這裡，梅汝璈法官利用他雄辯的口才和幽默風趣的語言，據理力爭，為贏得了一個較為理想的地位和尊嚴。在大國林立的世界舞臺上，梅法官能夠把非常嚴肅的政治問題，用幽默的語言表達出來，勇於對大國說「不」，並寓莊於諧，用笑聲征服了所有聽眾，充分顯示出幽默語言的無窮魅力。

魅力表達：

常常覺得對人說「不」很難，其實，只要你懂得說「不」，就不會覺得難了，現在，你還覺得難嗎？

2. 用既定格式

在日本，每年到了公司補員招考的時候，使各公司傷腦筋的問題之一是，如何發不錄取通知。

各公司考慮到，前來報考的人至少是對本公司信任，有好感，因而本公司要對報考者表示心意，不能冷淡對待。但是，不能錄取就是不能錄取，必須表白得很清楚，以避免對方抱有幻想。如果報考者抱著無法實現的希望，產生再試一次的心理，打電話來或直接前來要求面談，那不就很糟糕嗎？

因此，許多公司的人事部門，寄出去的不錄取通知一般都是用印刷好的書信，內容都是老一套的話。這種做法，在心理學上是有根據的。因為老一套的話，一方面很有禮貌地表示尊重對方，用禮貌的言詞回覆應徵者的好意，另一方面卻以公事公辦的明確態度，緊緊封閉了報考者可能產生的任何期待或遐想的餘地。

反之，有些不錄取通知，或者冷冰冰的，給人不快的感覺，或者熱呼呼的，使對方產生親密感，以致抱著期待的心理。比如：

「此次本公司招收職員承蒙應徵，非常感謝。經慎重審議，決定不予錄取，非常遺憾，特此通知。敬祝健安。」

「此次本公司徵募考試，您不及格，特此通知。」

「此次本公司招收職員，承立即前來應徵，非常感謝。您

的成績相當好,不過,這次暫不予錄取,很為惋惜。他日可能還有機會,務請見諒。」

上面三種不錄取通知,措詞不同,差異很大。第二種太冷淡,第三種用「成績相當好」、「很為惋惜」、「可能還有機會」等感情化的詞大多,容易引發對方再試一試的心理。第一種用了「慎重審議」、「非常遺憾」、「健安」等老一套的詞語,既明白地拒絕了對方,又不致使對方不快或抱有幻想。

這種方法,不限於用於發不錄取通知,其實,在任何場合要說「不」時,同樣也適用。

魅力表達:

在社交中,有時不冷不熱,不失為拒絕別人的最好辦法。

3. 借用對方的邏輯

有個公司要請一位專家接受一項任務,但是那位專家手頭上有許多工作,如果按一般情形,他是不能接受的。不過,他又很熟悉那項工作,也很有興趣,因此他拒絕接受的理由只用了兩個字「太忙」。但沒有想到公司的經辦人員很厲害,他聽完專家拒絕的理由之後,便客氣地說道:

第二步　口才實況大作戰

「正因為這樣，所以我們才拜託先生啊！」

聽了這句話，那位專家頓時啞口無言了。他想：是不是自己說的對這項工作有興趣的話，被他們過分重視了，因此便再次強調說：「不，我雖然對這項工作有興趣，但還有別的工作，我實在太忙……」不料，公司經辦人員卻這樣回答說：

「正因為先生很忙，所以我們才認為先生能很快把這項工作辦好，能者多勞嘛！我們一向不拜託那些並不忙碌的先生。」

這雖然是一種巧妙的恭維話，但卻使那位專家失去了反駁的依據，結果終於不能不把任務接受下來。

這個說「是」的例子，其實，也適用於說「不」的時候。例如：第二次世界大戰期間，日本的電影公司「大映」的社長永田雅一，反對政府以戰時體制為由，把原來的五家電影公司裁減為兩家，他主張保留三家。他說：「政府承認營利法人。因為是營利法人，所以三家公司比兩家公司在經營上更為有利，更能促進相互進步。正因為現在是戰時體制，國民如果沒有適度的娛樂，也無從產生全民戰爭的熱情。」

這就是借用對方的邏輯，堅持反對意見的例子。

魅力表達：

借用對方的邏輯，順水推舟，看你往哪逃？

4. 引導對方連連說「不」

希臘著名的哲學家蘇格拉底，同時也以善於說服人而聞名。據說，他無論對什麼人的錯誤都不加指責，而是一再從正面提出問題，使對方在不知不覺中，把原來被自己否定的問題，重新認識，重新評價。這種談話的方法稱為「蘇格拉底式問答法」，被認為是說服技巧的珍貴的要領，而如果把它倒過來運用，就可變成極其有效的說「不」的方法了。

「蘇格拉底式問答法」是先與對方搭起連心橋，然後說服對方的方法。而要說「不」時，可以把否定的連心橋搭起來，讓對方連連說「不」，這樣，即使你說了「不」，對方也能諒解。

日本作家山本周五郎有一則有趣的訪問。某出版社一位新來的編輯前去約請山本周五郎寫稿時，卻不知深淺大肆吹噓：「我實在走運，無論拜訪哪位先生，只要一提本社的名字，大都一口答應下來。因此，我從不為約稿而傷腦筋。這一點，實在是我的福氣。」

山本周五郎把頭搖了搖，和風細雨地教訓了他：「不。我年輕的時候也做過編輯，由於出版社小，約稿真難。每次約稿我都想，我一定要想辦法說服這位先生，於是，纏住他不放，而終獲成功。這樣的經驗有過幾次。當時我高興的心情，真是無法形容。你的情形不同，稿子來得太容易，我倒覺得是不幸。」

本來那個編輯為輕易得到稿子而高興,不料卻被說成了不幸,不知他當時表情如何。自己的想法被正面否定時,即使不能不承認其反對意見是正確的,但大多數人不免會想反駁一番。但山本周五郎拒絕為那個編輯寫稿。卻使那個編輯無法反駁,彷彿他不是去約稿,而是去接受拒絕的。

魅力表達:

一旦讓對方說出「不」以後,要讓他收回去是很難的,一旦說出「不」來,要加以推翻,是自尊心所不容許的,因此,對方一定會堅持「不」,我們就要乘著對方固執之際,也說出「不」來。

5. 表明愛莫能助

歌德的《少年維特的煩惱》的主角維特因為失戀而自殺。失過戀的人都能理解維特當時的心情,當然,並不是所有失戀的人都會自殺。失戀後的大多數人,儘管心靈受到了創傷,但不久這創傷是會平復的。在平復過程中,多半會尋找各式各樣的理由,如:「幸虧沒有和那樣的女人結婚」、「她果真是高不可攀的」等等,用以安慰自己。但很明顯,這時的任何理由,都不是怎麼重要的了。

Day9　大聲說「不」的藝術

這是心理學上所謂「合理化」的機能。它是防衛機能的一種，是為了消除內心的不安，給自己找一些理由來自我安慰。就像伊索寓言裡的狐狸。牠想吃葡萄，又吃不到，只好對自己說：「那葡萄太酸了。」這是典型的合理化的例子。所謂合理化，就是把自己的能力不足，把自己的責任，轉嫁到其他事物上，這樣，即使失戀了，也可以防止把自己逼到絕路上去。

利用這種合理化的機能，可以把對方遭到拒絕時的不愉快的感覺擦掉。

為此，要讓前來拜訪的對方，把話講完。讓對方感到他已把你逼到了盡頭。這時，你既有必要表現出已被對方的熱忱所打動，又必須保留作決定性答覆的餘地。經過幾次交談之後，說：「經過一番考慮，還是不便接受，實在對不起。」從而拒絕對方。

這種辦法，使對方有一種滿足感：我已盡力而為了。他不免會想：我這麼努力了。我還有什麼責任？並自然不會把責任推給拒絕的一方：「那位老兄不是不幫忙，是幫不了忙。」有了這種理由做藉口，被拒絕後的不愉快，也就會消失了。因此，如果能巧妙地使用這種方法，就如同有些失戀的男人對女方永遠有好感一樣，你也可以在拒絕對方後仍讓對方對你抱有好的印象。

第二步　口才實況大作戰

> **魅力表達：**
>
> 　　人的能力畢竟有限，不可能面面俱到，對方如果聰明的話，他應懂得這一道理，否則即便拒絕他，也沒什麼好內疚的。

6. 讓對方說是

　　有些有多年交情的朋友、同事，因為太親密，有些話倒還無法說出口。例如他嘴裡含著東西說話，或有口臭，或借去的錢和書沒有歸還，以及別人對他的批評等等，越是無話不談的關係，越是能隨意說出口的事，反而越是說不出口。

　　這是一種「心橋」過剩狀態所引起的現象。當兩個人關係過分親密時，會覺得否定對方就等於否定自己，因而很難否定對方。假若你能有意識地掌控對方的心理，能處於主動的一方，那麼，也是可以利用對方的心理來，拒絕他的要求或制止他的言行的。

　　例如：日本廣播電臺記者鈴木健二便使用這種方法來封閉喋喋不休者的嘴。有時候，年老的職員會無休止地說一些枯燥無味的閒話。大家都聽得心煩，但因對方是長輩，不便直接地請他不要再說。這時，鈴木就提出了對方只好回答「是」的問題。

「你的意思是公司內咖啡座的女服務員態度不好？」
「對，正是如此。」

「應該想個辦法才對。」「是啊。」

這方法是有意識地讓對方說「是」，努力拉近與對方的心理距離，使他們之間形成心橋過剩狀態，然後止住對方的話鋒。

要使用這種辦法，最好事先做好準備。準備幾個對方一定會回答「是」的問題。如果用應和的語句，如：「果然是……」、「正如你所料……」、「你也這麼想嗎？」等，則效果會更好。一旦把對方「趕」入「圈」內，就趕快結束，來一句「那麼好吧，再見」，對方因正處於心橋過剩的親密狀態，因此沒有反駁的機會。

魅力表達：

有個成語叫「欲擒故縱」，這個方法卻可以說是「欲縱故擒」，你以為我是真跟你好啊！才不是呢！

7. 心理倒退現象

日本有句俗語說：「贏不了哭泣的小孩和地頭蛇。」小孩一旦哭起來，他的要求得不到滿足就會不停地哭。地頭蛇在當地有很大的權勢，不論他怎麼欺壓人也都敢怒不敢言。對

第二步　口才實況大作戰

這兩者講道理去說服，都是徒勞的。

要拒絕對方，就要想方設法排除對方的說服。當對方想要講道理時，最好不要去據理力爭，因為那樣會變成道理的高下之爭。對方是有準備而來的；他的道理肯定會占上風，所以用道理來論爭是贏不了「哭泣的小孩和地頭蛇」的。要讓自己變成具有勢力的地頭蛇是不現實的，但是「哭泣的小孩」則馬上做得到。你可以像一個淘氣的孩子那樣說一些不成道理的道理，使對方抓不到想用道理來說服你的頭緒。

這從心理學的角度來看，是有意識地運用了心理學上所謂的「退化現象」。人當他的某種不滿足心理無法用正當的方法來消除時，可能會退化到什麼要求都能獲得滿足的幼兒期或幸運的時候，想在那裡滿足自己的欲望。一個稍微長大的孩子，當他在商店門前不能得到想要得到的東西時，便舞手踩足地號啕大哭。這個例子說明，他把自己倒退到什麼要求都能得到滿足的嬰兒時期了，他想以此引起父母的關心，滿足自己的欲望。

這種退化的特徵，在於把幼兒那種以自我為中心的性格特徵充分表現出來，並與聽不進別人的話，如何表達拒絕的技巧，產生連繫。這樣，你自然明白，變成「哭泣的小孩」是怎麼一回事。如果充分運用幼兒以我為中心的理論，把不成理由的理由說上一大堆，便可拒絕對方。比如以「因為不喜歡，所以不喜歡」、「因為討厭，所以討厭」、「因為不會，就

是不會」等為理由。當別人託辦什麼事時，用「春天快到了，春天是不能辦的」之類不成理由的理由來拒絕對方，對方從這種理由當中無法找到反駁的道理，得不到說服的線索，於是自然而然死心了。

魅力表達：

因為愛，所以愛，沒什麼理由可講的，原來，這竟然是一種心理退化的現象呢！看來，在愛情中的人，都是「哭泣的不孩」吧！

8. 表明盡力而為之意

當你的親友託你辦事沒有辦成，或者你要拒絕他們什麼要求的時候，你要設法讓對方得到某種補償，用以表示你的誠意。這種補償，對對方可能沒有什麼實際意義，但在心理上來說，卻是十分重要的。

美國人際關係研究者戴爾·卡內基介紹過這樣的例子：他有一個朋友是著名的演講學者，有一次為了拒絕朋友的演講邀請，採用了下面的方法。首先，實話實說：「很遺憾，我的時間實在安排不過來。」緊接著，推薦別的演講者，並說，「這位先生說不定是更適合的人選呢！」

第二步 口才實況大作戰

這種拒絕的方法,至少有三個優點:

- 第一,說了「不」之後,馬上給予「補償」,使本來因被拒絕而產生的不滿、失望的感覺得到補償,把對方的關心引導到那個第三者身上去。這時,你如果能詳細介紹有關那人的情況,效果會更好,比如推薦演講代替者時,要將其姓名、通訊地址、聯絡人,以及他的專長等,逐一告訴對方。
- 第二,不是因為其他的原因而拒絕,始終展現了協助的姿態,讓對方了解了你的誠意。
- 第三,這表示受託的一方確實因為忙離不開,以致設法用補償的方法表示拒絕,因此說「不」的理由更加充分有力。

當然,如果還能設法使對方相信,經你補償之後,他現在所獲得的比原來要求獲得的更為滿意,那麼,拒絕了原來的要求,反而可以使對方高興。但要注意,倘若這時你是在推薦代替者,絕不可以過分自謙。這一點很重要。假如你說:「我不是合適的人選,他才是。」這話很容易被認為是別有用心。你一定要始終強調,你有心協助,但現在實在是分身無術,力不從心。

補償的辦法,當然不一定只此一種,還有很多其他方式。你由此不妨回想一下:在以往的生活中,有哪些事情可以協助於人,而你卻沒有協助呢?

魅力表達：

如果你實在力不從心，乾脆讓對方明白：天涯何處無芳草，何必單戀一枝花？可能人人比我更適合你呢！

9. 預先表明否定的自我態度

每一個人都希望別人覺得他好。其實，別人的評價，卻因對方的第一印象不同而有差別。比如：你對於張三來說是個冷淡的人，但在李四印象裡你卻是一個熱情的人。這種現象屢見不鮮。正如英國社會心理家麥可‧阿吉爾所說的：「人們並不是終年都把自己的形象留給別人。站在舞臺上和不站在舞臺上是截然不同的。在舞臺上，人們會意識到觀眾的眼光，很注意自己留給觀眾的印象。」

不管特質如何，人們在舞臺上扮演的角色，卻能給別人各種不同的形象。

一位日本精神科醫生在他的著作中寫，自己付出很多心血，為的是給別人留下一個不好的形象──他是一個難以應付的人。他舉例說明，某雜誌社向他提出一個問題：被劫機者劫持的人質在精神上能支撐多長時間？他是這樣回答的：

「這個問題，有幾十個小時吧。這實在很難回答。不過，

第二步　口才實況大作戰

你認為我知道?」

「是的，所以我才打電話問你啊。」

「有道理，有道理……這可教人傷腦筋。」

「為什麼會傷腦筋?」

「因為我擔心，假如我無法回答你的問題，你也許會認為我是一個不高明的精神科醫生。」

「不會。不過，精神科醫生應該知道這種事吧?」

「你看，你還是認為我是精神科醫生，應該知道。」

「原來你真的不知道。」

把這種自我否定的形象應用到表示拒絕的場合時，你可能預先表現出你是一個冷漠的人，一個對金錢斤斤計較的人。只要給對方留下了你的否定性自我畫像般的印象，也就是對方對你的第一印象不好，這就為說「不」創造了條件，最後，「不」也就比較容易說出口了。在不得不表示拒絕的場合，你如果給予別人肯定的自畫像，這正是你非說「是」不可的第一步。這位醫生就是這樣給予對方「歪理專家」的自畫像，從而巧妙地擊退了令人厭煩的對方。

魅力表達：

「老好人」好的往往是別人，而一個人絕不可能永遠保持「老好人」的形象，所以，有時候啊，「酷」一點又何妨？

10. 掌握合適的時機

根據日本專門研究推銷的二見道夫的調查，顧客拒絕推銷員的理由，主要有下面幾種情況：

有明確的拒絕理由而拒絕的占 18.7%；

沒有什麼明確理由，而用身邊的瑣事為理由來拒絕的占 16.9%；

因為忙而拒絕的占 6.8%；

拒絕的理由已記不得，只記得是一種條件反射性的拒絕的占 47.2%；其他原因拒絕的占 10.4%。

從以上統計資料可以看出，當一個人拒絕時，並不一定有什麼重大的理由，多半是條件反射性地說出「不」字的。是想不出什麼拒絕的理由才反射性地拒絕呢？還是雖然有理由卻嫌麻煩懶得說呢？這就很難得到正確的結論了。不過至少在數字上以條件反射性拒絕者占大多數。它表明這種拒絕法，成功的比例高。

第二步　口才實況大作戰

這項統計資料還顯示，一個人要說「不」時，時機是非常重要的，不管要說的是什麼事，說服的重要條件之一，就是要抓住和對方交談的話題。如果不給對方談話的時間，而「反射性地」說「不」，這就成為拒絕對方的有效方法了。

由於是「反射性地」，對方不問「理由」如何，自己也根本不要去想什麼「理由」，速度第一，快速地利用身邊的人或物表示拒絕。如果你是男的，首先可以利用太太，以反射性的脫口而出的話來拒絕對方，這是最容易辦到的。比如：可以說「太太不在，我不清楚」，輕而易舉地表示了拒絕。如果你是女的，當然變成「先生不在」啦。還有的人曾經被別人這樣回絕過，那是拿「天氣」來做擋箭牌的。一見面對方就說「天氣不好，所以心情不佳，下次再說吧！」據說，這樣被拒絕所致的打擊，久久難忘。

「笨拙的思考等於白思考」。與其思考一陣之後說出一些不恰當的理由和藉口，倒不如抓住時機，反射性地說「不」來拒絕對方，使對方失去說服你的機會。用這種方法，可以在不少場合使你獲得成功。

魅力表達：

人每天需要思考的事情已經太多，能不思考的還不抓住時機偷一下懶？

11. 藉助第三者表示拒絕

前面我們所介紹的拒絕他人的方法，無論是「巧用語言」、「巧用態度」，還是「使用道具」，大多都是自己是拒絕別人的直接實施者，下面就向你介紹一種自己不直接向對方說「不」，而是藉助於第三方，即借人說「不」的拒絕方法。

在拒絕別人的時候，不僅要「善假於物」還要「善假於人」，就是在拒絕時善於利用第三者的幫助。這裡的「人」既可以指單個的人，也可以指某一個團體。

利用他人幫助我們拒絕對方，這樣的事在日常生活中其實用得很多。比如當一位年輕女孩在被她不太熟悉的男士邀請去看電影或吃飯時，她經常說的話就是：「對不起，我爸爸今天讓我早點回家，我不能陪您去。」這種說法，隱藏了自己的主觀原因，而是以他人的原因為藉口來拒絕對方，從而既減輕了對方的失望和難堪，也減輕了因拒絕別人在自己的心理上產生的壓力，真是兩全齊美的好事。

但是借用他人來拒絕對方，這裡選用的第三者，並不是隨便任何人都可以的，一般要選擇對方所尊敬的對象或具有權威性的人物，充當「第三者」，更有利於「不」的說出。

例如：在家庭中，難免會產生子女與父母意見不一的時候。這時，孩子所採取的方法，一般都是搬出爺爺、奶奶或外公、外婆來對付自己的父母。比如：上中學的女兒要和班

第二步　口才實況大作戰

上的同學出去郊遊，母親害怕沒有大人照顧不安全，所以打死都不同意。可是外公卻不這樣看，於是女兒就去請外公「出山」，幫助她說服母親。外公欣然「從命」，和外孫女一起唱起了「雙簧」。女兒先說明了自己的打算，然後不等母親反對，她就示意外公上陣。外公於是就對母親說：「還是讓孩子去吧！溫室裡的花經不起風雨，小孩子就應該讓她去闖蕩，從小就鍛鍊獨立生活的能力，這對她將來是有好處的。只不過要小心，注意安全就行了。」外公的話自然分量比較大，母親也沒有什麼好說的了，只得同意。

在政治和外交以及談判活動中，利用第三者來拒絕對方，也是人們經常採用的一種手法。例如：當某政治家在面對記者的不斷發問時，就經常會說：「關於這件事的具體情況，我不太清楚。如果您想了解詳情的話，就問×××好了，相信他會給您圓滿答覆的。」這位政治家在此就是巧妙地運用了借人說『不』的方法，把球踢給了「第三者」。這樣就防止了記者的繼續追問，使自己從困境中解脫出來。

借用他人說「不」時，重要的是最好事先準備好第三者，而不要臨時著急。現在，凡是到街攤上買東西的人都知道，許多小販通常都有幾個「樁腳」，就是在旁邊幫助說服你買東西的人。他們表面上好像也是顧客，但實際卻同賣主是串通一氣的。賣主抓住了顧客更相信第三者的意見的心理，便找些「樁腳」來勸說顧客，往往都能見效。

利用第三者說「不」，可以把拒絕的責任轉嫁給第三者，從而緩解拒絕者與被拒絕者之間的矛盾衝突，因此經常被人們所採用。但是在運用此法時，一定要考慮周密，靈活掌握，不要因此而傷害了朋友之間的感情。

魅力表達：

哦，原來自己扛不起的擔子還可以扔給別人啊？真是妙招，妙招。

12. 利用對方的下意識

對於夫妻爭吵總是逆來順受的妻子，有一個絕妙的方法能使你簡單地說出「不」來。那就是：「你母親不是說過不能這樣做嗎？」抬出一位讓對方不敢頂撞的第三者說「不」。據精神分析學的說法，每一個人的精神內部，都存在著超我（Superego）—— 能對自己的自我賦予禁止或嚮往的道德機能。比如：父母對兒女而言，是超我的存在。當幼兒做錯什麼事時，雙親會責罵說「不行」。然而，隨著幼兒的成長，即使未被直接責罵，「不行」也會經常以一種心理機能來支配他，所以，一旦被這種心理說了「不」，他就無力反抗了。

在日本，曾因連續強姦、殺人的案件而轟動一時的大久保

清，據說，他後來之所以招認，是由於警方一再提到了他的母親：「你母親對你很失望，她在哭。」就是「超我」在發揮作用。

> **魅力表達：**
>
> 　　從內心經常監視著他，使他無法逃避的超我，除了上述雙親之外，還有神明、良心等等，對於信仰虔誠的人，如利用神明菩薩來說「不」，往往更會發生意外的效果。

13. 借眾人之口

　　假定你的科長派你辦一件事，你本想說「不」，但又很難開口。這時，你可以拜託兩位同事，陪你一道去科長那裡。

　　這種三人戰術，絕非倚眾仗勢，而是靠團體來掩飾自己，借用眾人之口說出自己的「不」的一種有效的心理戰。

　　首先，讓事先約定的贊成和反對的兩位同事，在科長面前展開爭論。當辯論幾將結束時，你可以來一句「原來如此，那恐怕很難辦了！」不著邊際地投向反對者一方去。僅只如此，你就可以不必直接向科長說「不」，而表明了自己的「不」。這樣做等於是造出了這麼一個印象：互相經過一番辯論，絞盡了腦汁，多數的結論是「不」，這樣，包括科長在內的在座的全

Day9 大聲說「不」的藝術

體成員,誰都不會感到傷害了自己的面子和感情。由於是三人關係,即使意見對立,也經常是二比一,「不」的意見本身也可以多數的方式表現出來,顯得比較溫和。

但如果僅是你和科長兩個人面對面,事情的進展就不會這麼簡單了。俗話說:「兩人旅行是不睦之本」,兩人相處,意見的一致與不一致都會顯得兩相對立,而且團體的總意見在這種情況下容易被忽略。

這種心理運用,其實就是基於心理學的集團行動理論。在心理學上,把兩人的團體叫做 dyad(一對一),把三人的團體叫做 triad(三合一),「而在兩人團體的情況下,看上去很少表明一致或不一致,實際這種關係不知什麼時候會破裂。因此,彼此間的關係安定性極小。」

然而,在三人集團中,彼此的關係常會是 2:1,即使對某一個意見表明了贊同與否,也是多數意見的形態,很少有「對立破壞了關係」的危險性,所以「安定度極高」。這三者的關係,不是「支配兩者」、或「介入兩者中間」,就是「被兩者支配」。拿上面的例子來說,先讓兩個人辯論,自己則裝作「被兩者支配」的樣子。接著,「介入兩者中間」去支持否定的一方,最後,以總的意見得出否定的結論,從而「支配兩者」。

這種方法,不只限於三人團體,五人、七人的奇數團體也可以應用。讓大家進行辯論,自己則逐漸加入反對者的一邊。

這樣會給人一種印象：你是尊重全體成員的意見，只當越辯越深入時，你才轉到反對者一方。並非你個人存心反對什麼。

魅力表達：

旁人都這麼說，你可不能怪我了吧？

14. 先肯定，再否定

美國的消費者團體，為了避免被迫買下不願意買的東西，印行了各種《如何與推銷員打交道》之類的手冊，其中介紹了如何拒絕來訪推銷員的各種方法。聽說其中以「Yes, but……（是，不過……）」法最有效果，如「你聞聞看，很香吧？」「Yes, but……」先承認對方的說詞，然後在緊要處，答以 but 敷衍過去。

因為一開始就斷然說「不」，推銷員一定會不甘心，絞盡腦汁想說服你。可是，「Yes, but」的空話，則如同沒說一樣，聽之無味，使對方失去了說服的欲望。

在紐約州的一個有 4,000 人口的集鎮上，曾以 1,000 位家庭主婦為對象，實驗過這個方法。其結果，在實驗之前，同一個推銷員被拒絕而再來訪問的比率為 25%，而實驗後，再來訪問的推銷員的比率，則降到了 8%。這就是說，使用「Yes,

Day9 大聲說「不」的藝術

but」法後,第一次訪問就判斷沒有希望的人,變得非常的多。

人同此心,被說「是」總比被說「不」要愉快得多。只要聽到一句「是」,心裡就會輕鬆許多。因此,為了說「不」,有時就有必要先用「是」來給對方以好感。也就是說,這時的「是」,發揮了把兩人的心連結起來的「心橋」功能。一旦在兩人之間架上了心橋,即使再聽到「不」也不會引起反感。

所以,先用「嗯,不錯」來肯定,再「然而」地一轉,最後予以否定的「Yes, but」法頗為有效。

在公司裡,當你和你的上級的意見有分歧時,不要正面反對,要用「是的,你說得不錯。不過,這樣一來,會不會……我想說說我的看法……」這樣以柔和的口吻說出反對意見,對方就比較容易接受。特別是你在和沒有好感的客戶打交道時,你更會動不動就脫口便說出「不」來,可是一下子說出了「不」,只會使對方不快,產生反效果。到你能夠牢牢地搭好「心橋」再說出有效的「不」時,你就將是一個如虎添翼的企業人員了。

夫妻之間的訴苦不用言語也可以瞭然,但與別人之間恐怕就不行了。最好還是讓對方吐露實情,同時把自己的實情也毫無隱瞞地坦然相告,這才是不說「不」而能達到「不」的效果的最佳方法。

第二步　口才實況大作戰

魅力表達：

　　你說的話誠然不錯，但我還是難以接受，「此恨不關風與月」，這該行了吧！

15. 抑己揚他法

　　「對我來說，她真是太完美了，我不和能否配得上……」

　　常聽說這樣的故事：鄉下來的純情學生愛上了風月場中的女性，到了談及婚嫁的時候，結果卻死了心，鄉下學生又專心原先的課業了。

　　這一類故事，大抵都是女性早已歷盡滄桑，深諳人心，她會對學生曉以大義，使其不致誤入歧途。這時，使那位熱情如熾的男子死心的話，多半都是這樣說法：

　　「你是一個在最高學府就讀、前途無量的人。怎麼可以被我這種既無教養也無正當職業的落魄女子連累呀。我愛你的程度，一定遠遠超過你愛我。可是，如果我要獲取我的愛情，可能使你目前的學業荒廢。正因為我愛你，所以不能不和你分手……。」

　　這話是否出於真心，並不是問題之所在。她的言詞之所以能擺脫那糾纏不放的青年，是由於她始終以謙卑的態度，喚起對方的自尊心，把對方因為遭受拒絕而產生的心理的不

協和帶向協和的方向去。自己是被她看中的，而且是被深深愛著的──只要這樣一想，對那男人來說，分離的痛苦就已減少到了最低限度，心靈不會受到多大的創傷。

人有這樣的一面：比起被拒絕而將失去的實質東西來，寧願不受精神的創傷，而只要求得到心理上的安定就好。因此，即使結果是要否定別人，也要盡力抬高對方，令其心理感到熨貼，然後順利地接受你的「不」。

要抬高對方使其心理獲得安慰的方法，就是把非說「不」不可的自己一方盡力貶低。有一句話叫做「我不勝任」，就是靠表達自己是多麼不適合對方的要求，來相對地提高對方的地位，又相反的靠抬高對方的立場，給對方一種印象：我不勝任，我不敢當，我必須辭退……

如要對介紹人拒絕時，若說「對我來說，她真是太完美了……」或者「她太好了，我不知能否配得上」，這樣一來不致傷害對方的面子，二來又可讓對方另外物色比自己更好的對象。

魅力表達：

哦，原來在拒絕別人的時候，還可以把話說得如此動聽，真是太妙了！

16. 道出自己的無奈

有的人每逢受託辦理什麼事情時，就會連續不斷地說「傷腦筋」、「怎麼辦呢」這彷彿是一句含有「很想接受你的委託」意味的話，但仔細一聽，他絕對沒有說出所以傷腦筋或不知如何是好的理由來。儘管交談持續了幾分鐘，他始終是「傷腦筋」，到最後你還是不明究竟，不得不自行告退：「那麼改日再來麻煩您吧。」使得你不但不會覺得不愉快，反而還會對他的「傷腦筋」引起一絲的同情。

據說，好萊塢的女演員安妮‧巴克斯特，便是這種以「傷腦筋」來拒絕的名手。她是位老練的女演員，而她那高明的拒絕方法也同樣老練，因為她是位難得的配角演員，所以每個星期都至少有兩部戲的劇本送到她那裡。製片人常常打電話向她發出邀請：「請看看劇本，倘若合意，就請參加演出。」

於是，她就在電話中不斷叫喊「傷腦筋」：

「那個劇本很好，不過我覺得傷腦筋的是……」

「而且那個角色也很富挑戰性，真是傷腦筋……」

「我的對手角色是誰？呵！是他？我真想和他共同演出一次呢，這就更叫我傷腦筋了。」

「導演非常屬意於我？真的？唉，傷腦筋，傷腦筋。」

真是不亞於銀幕上的演技。

在「傷腦筋」、「怎麼辦呢」等言詞裡，本身就有一種在自

我的周圍架設心理牆壁的作用，因此，對方很容易一開始就被這一道牆阻礙，不得而入，在交談中越是連續不斷地重複這些句子，這道牆壁就越堅固，越使對方被迫放棄說服的念頭。

特別是由於只說「傷腦筋」、「怎麼辦呢」，而又不說明理由，更使對方弄不清楚必須為你除掉什麼障礙。所以，這又能給對方一種錯覺，你之所以不肯點頭稱「是」，是對方不設法為你去排除障礙的不對。最後，反而弄得對方要說「對不起」，向你賠禮了。即令對方要盤根究底，追問你傷腦筋的理由，你也可以繼續說「這麼一再令我傷腦筋的理由，我也回答不出來呀，真是傷腦筋」，如此「傷腦筋」、「怎麼辦呢」下去就行了。

魅力表達：

看出來了沒有？你這樣的回答，其實傷腦筋的不是你，而是那個找你辦事的人，這一招高明吧？

17. 反其道而行之

小孩子開口要東西，做父母的想說「不」時，為了讓對方順利地接受「不」，該怎麼辦？美國的教育心理學家海姆‧吉諾特博士在他的著作《親子之間》裡討論到這個問題，說有四個階段的「不」的說法：

第二步　口才實況大作戰

- 首先承認小孩子的願望。比如:「你今天晚上想看電影?」
- 明確地表示該願望能獲許可的範圍。「我們家有一個規矩,『上學日的晚上不能看電影』,記得吧?」
- 然而,如要表示該願望能夠部分地得到實現:「星期五和星期六就可以了。」
- 給予表達失望或生氣的機會:「我知道你討厭這個規矩。」「等你長大了,我們來改變這個規矩。」「對你來說,最好是每晚都可以看電影,是吧?」

——到底是教育心理學家,智慧非凡!倘若一開始就給予全面的否定,就會失去共同的心理基礎。

所以,首先要承認小孩子想看電影的願望。也不妨加上這麼一句:「媽媽也想看呢」。這樣造成一種可以溝通的大前提,接著,依第二點和第三點的順序,表示這一共同領域更有限制,同時也有部分可以贊同之處。這時,如能利用「我們家的規矩」這一類的家庭感情當更好。如此驅退當前的要求,再用第四點來降低其不滿的情緒,則「不」就可以被順利接受而不產生任何不良後果。這個方法,當然不僅適用於小孩子,大人也可適用。因全面性否定而必然產生的抵抗,可以用部分性承認來巧妙地避開。

魅力表達：

原來小孩子也不是那麼容易對付的，你得學會怎樣去哄他才算厲害！不過，現在你應該是挺厲害的了吧？

18. 把問題抽象化

被巧妙地拒絕時有一種形容，叫做「被迷迷糊糊地拒絕了」。意思是對方放了煙幕，在你看清真像之前，就已經被那煙霧朦騙而去了。

這煙幕，有一種是「論點的移動」還有一種叫做「抽象化」。話要說得非常具體、耗用很多時間方可拒絕，或找不到切實的拒絕理由時，可以將話題不斷抽象化，這乍看之下似乎談論的事比正題還重要，其實，已將對方誘入距離正題頗為遙遠的雲霧之外了。

有人舉過這樣一個拒絕婚事的例子：由於對方態度相當認真，所以要一本正經地跟對方講道理，問題會始終得不到解決。而要正面說出：「不能和你結婚的理由」，又勢必傷害對方的感情。所以，將「A 和 B 的婚事」這種具體的問題，故意提高到抽象的「一般的結婚」問題上去。

第二步　口才實況大作戰

「被你求婚,我真高興。不過,我認為我們不能過於沉醉在感情之中。」

「不,我很冷靜。」

「我不是這個意思。我想好好地和你交流一下你我對結婚的看法。」

「很好呀!」

「結婚到底是怎麼一回事呢?」

先將對方引人抽象的領域,再將這領域不斷擴大。「對男女的結合來說,結婚是不是理想的形態?」「究竟男人和女人是什麼呢?」

語意學學者早川雪舉出「佩西」例子,提出一個「抽象的階梯」概念:把名叫「佩西」的母牛抽象為「母牛」,再將牠抽象變成了「哺乳類」。

在邏輯上,「抽象的階梯」是一直連接不斷的。然而佩西和哺乳類的話題範圍就擴大多了。因此,話題的焦點,越是到階梯的上方越是模糊,那就成為煙幕了。

美國的超級市場對客戶抱怨處理部門使用的也是類似的方法。據說每當主婦們為了質量或價格的問題前來提意見時,他們就用一般人很難聽懂的營業語言,非常細心地予以說明。用抽象的專門用語,不斷爬上「抽象的階梯」,讓客戶們感到迷迷糊糊,終於認為店方的主張沒有錯。

> **魅力表達：**
>
> 　　把問題抽象化，其實也是一種緩兵之計，既給自己一個回絕的機會，也給對方一個反省的機會，真謂一箭雙鵰，何樂而不為？

19. 以是引非

　　戰國時代的韓宣王，有一個名叫樛留的丞相。有一次宣王問樛留，他的兩個部下，不知能否重用。樛留回答說：「魏國曾因重用這兩個人，失去了一部分國土。楚國也因重用了這兩個人而失去國土，我不知道這兩個人日後會不會使我國也遭到同樣的命運？」

　　之後，樛留的結論是：「所以，最好不要重用這兩個人。」即使不聽這個結論，被說到以上地步，宣王也會失去任用這兩個人的興趣了。

　　這個有名的故事，出自《韓非子》。這種說「不」的方法，之所以具有說服力，固然由於過去這兩個的敗績是鐵的事實，但是擺留的說話技巧奏效，也不容忽視。

　　當宣王向樛留徵詢意見時，他並沒有立即說出他的結論。首先，他把具體的事實單純當做事實敘述，然後用邏輯

第二步　口才實況大作戰

學上的歸納法，來加以判斷，這就具有了說服力。如果反過來，當君王徵詢他意見時，他一開口就說「這兩個人在不久的將來可能會把我國出賣」會怎麼樣呢？誰都會產生一種難以接受的「不」的心理——「這個人好武斷，他是不是對這兩個人有什麼怨恨？」之後，即使列舉再多的具體事實，也可能不會被當做純粹的客觀事實來接受了。

不要先做出否定的結論，而要採用誘導式的否定法；當你有必要說出很難令人接受的「不」時，這一點務必銘記在心。不說一句「不」，只要列舉說「是」時可能出現的所有負面的情形，對方不等你說出「不」的結論，也就不能不接受你的「不」了。

不是將「不行」、「討厭」之類的主觀的斷定逼對方接受，而是把說「是」之後，對自己會產生多大的不利或不便，盡可能客觀地一一披露於對方面前。這樣，將會把「不」更順利地浸透到對方的心中去。

魅力表達：

講了這麼多說「不」的技巧，其實，還是讓事實說話最具說服力。

Day10　幽默，一笑解千愁

第二步　口才實況大作戰

1. 促進交流的幽默語言

　　人們常說，幽默是思想、學識、智慧和靈感在語言運用中的結晶，是一瞬間閃現的光彩奪目的火花。幽默是自覺地用表面的滑稽逗笑形式，以嚴肅的態度對待生活事物和整個世界。幽默是具有智慧、教養和道德上優越感的表現。幽默感是人的比較高尚的氣質，是文明和睿智的展現。

　　有人說，當你和別人一起笑的時候，感情也就和他人之間得到了交流。在工作中需要保持輕鬆歡樂、坦率誠懇，有難同當、有樂共享的態度。其實只要稍稍留意，生活中到處可以發現許多不易為人感覺的幽默故事。一位警察在處理一起交通事故之後，坐下來填報告單，一乘客的反應一欄中，由於很難用簡單幾個字說清楚。於是他乾脆寫道：「他們像熱鍋上的螞蟻，急得團團直轉。」生活中只要你善於運用幽默，類似例子還有很多，那些似是而非的怪事就會給你的生活帶來無窮的樂趣。

　　對於他人給予你的幽默，最重要的是用自身的幽默來接受他人的幽默。在一次施工爆破之前，有位新聞記者半開玩笑地向工人提出一個問題：「你們在爆破時準備如何處理那些碎石和灰塵？」

　　工人也幽默地回答：「我們到包裝公司訂做了一個特種塑膠袋，用直升飛機把袋子吊到上空，然後扔下來套在樓上。」記者聽了之後和工人一道哈哈大笑，關係馬上融洽起來。

又聽說有兩個保險公司職員發生爭執,雙方都誇耀自己的公司在支付保險金上速度非常快。

第一位說他的公司能在事故發生當天把保險金送到投保人手中。另一位則說:「那根本算不上快。我們公司在大樓的第二十三層,如果有一位投保人從四十層樓跳下來,當他經過二十三層時,我們就可以把保險金支票從窗戶裡交給他了。」

一個人不僅要幽默地調侃他人,也要能接受他人的幽默調侃。理解和接受他人的幽默對自己不無益處,因為任何人都處於社會關係之中,你可以拿別人開心,別人當然也就會拿你開心,這樣才能得到他人一起發自內心友好的歡笑。

魅力表達:

看來,幽默真不愧是好口才,你看,他在前面三番五次地出現還不夠,還要在這裡招搖,好像它真的長得不錯,不讓人多看幾眼就不甘心似的。

2. 輕鬆幽默的勸解

我們在社交場合裡已經看穿了他人的想法時,也不妨神色自然地發揮一下幽默力量。有位年輕人無所作為卻很仰慕大發明家愛迪生的名氣。有一次,他問愛迪生:「先生,你為

第二步　口才實況大作戰

什麼有那麼多的發明而名揚天下呢？」

愛迪生猜出了他的心思，故意反問：「看來，你是天天都在想著出名吧？」

年輕人一聽，以為愛迪生要傳授祕訣給他，十分高興地說：「我連做夢都在想，我什麼時候能像你一樣名揚天下呢？」

「你死後就會很快出名。」愛迪生說。

年輕人驚異地問：「為什麼要等到死後呢？」

「因為你只希望怎樣才能占有一座高樓，而不是去動手建造這座高樓。那你終日想像的高樓是永遠不會自動出現的。可是如果在空想中度過一生，你死後就會因為那些空想而名揚天下了嘛？！」愛迪生這段融諷刺與告誡於一體的幽默，使年輕人的心裡受到了很大的震撼。

又如一位熟人到門得列夫家串門，他喋喋不休地講個不停，最後還自以為是，並問：「我使你感到厭煩了嗎？」

「不，沒有……」門得列夫毫不介意地回答說：「你說到哪裡去了，請講吧，繼續講吧，繼續講吧，你並不妨礙我，我在想自己的事情……」

魅力表達：

如果我們想在社交活動中給人一個良好的印

象，就必須運用幽默。不論是在做客或是待客，我們都要盡力以此待人。當我們進入室內，就要把幽默力量反映出來。一個面帶怒容或是神情憂鬱的人，絕不會比 個面露微笑、看起來健康快樂的人更受歡迎。

3. 自然平淡的幽默

為什麼只要卓別林等許多喜劇人物一露臉，他們一張口、一舉手、一投足，立刻便能把人們的心弦撥動，使千萬人為之捧腹、為之噴飯傾倒呢？這神祕的奧妙就在於：他們的一言一行、一舉一動都充滿了啟人心智、令人愉悅的幽默。

某君房屋漏雨，每次請求修繕都沒有結果。一天，單位主管視察民情，問及此君房子一事。人們以為他會大訴其苦，卻沒想到某君微微一笑說：「還好，不是經常，只是下雨時才漏。」妙語博得主管諸人一陣大笑。幾天後，修房問題妥善解決。

幽默具有神奇的魅力：可以使愁眉笑逐顏開，也可以使淚水盈眶的人破涕為笑；可以為懶惰者帶來活力，也可以為勤奮者驅散疲憊；可以為孤僻者增添情趣，也可以使歡樂者更愉悅。

幽默這個詞在家不算陌生，常常聽到有人掛在嘴上，似乎大家都知道是怎麼回事。可是，若有人提問「什麼是幽默」時，還真的不容易講清楚！

第二步　口才實況大作戰

世界上沒有一個人不喜歡風趣幽默的語言。在傳統文藝晚會上，相聲小品之所以一直成為最受歡迎的節目之一，就是它的表現形式離不開幽默，那幽默的語言強烈地感染著觀眾的心，幽默的話能抓住聽者的心，使對方平心靜氣；也可以使一些深刻的思想表達得更加生動和形象。

心理學家認為，幽默是人的能力、意志、個性、興趣的一種綜合展現。它是社交的調味料。有了幽默的社交，便會把一顆顆散亂的心吸入它的磁場，讓別人臉上綻放歡樂的笑容。它是智慧的火花。

這種交往是智慧的展現，是智慧者靈感勃發的光輝。

幽默的人往往是一個奮力進取的弄潮兒。美國發明家愛迪生就是一個善於以幽默來對待失敗，不斷進取而終獲成功的典型代表。幽默同時也能展示一種樂觀豁達的品格。巴爾札克一生寫了無數作品，卻常常手頭拮据，窮困潦倒。有一天夜晚，他正在睡覺，有個小偷爬進他的房間，在他的書桌裡亂摸。巴爾札克被驚醒了，但他沒有大喊大叫，而是悄悄爬起來，點亮了燈，平靜地微笑著說：「親愛的，別翻了。我在大白天都不能在書桌裡找到錢，現在天黑了，你就更不用枉費精力！」

人生在世，不如意事十之八九。能淡然處之，正是超脫的高手，若能腐朽為神奇，化煩惱為樂趣，就更是一種新的超越，獲得的情趣非常人可比。

Day10　幽默，一笑解千愁

魅力表達：

知道嗎？世界上許許多多的事情都是在笑聲中解決的，不信？那麼不如留意一下。

4. 利用語言維護面子

生活中如何擺脫窘迫的處境，要根據情形而定。例如上司在你同事面前三番五次地責備你，使你感到形象受到侵害時，你可以心平氣和地聲明：「我們是否可以換個地方來討論這個問題？」

如果，傷害你的人是你的好朋友，你可以對他說明這樣對你怎樣不公平，這樣做遠比以牙還牙好得多。如果他繼續不分場合地使你難堪，你可以說：「我很懷疑你是否值得信賴。」

如果別人故意羞辱你，你必須制止這種羞辱。你可以說「你似乎有意要這樣，是不是我什麼地方得罪你了？」

無論如何，都千萬別發火。如果失去了理智，倒楣的只會是自己。再說，那些修養極差或別有用心的人根本不值得跟他生氣。

所以，解決這種情況的最好辦法是靠你的幽默感。有一位作家剛完成一本小說，大家都對他表示祝賀。另一個作家對他有些嫉妒，酸溜溜地對他說：「我喜歡你這本書，不過是

誰幫你寫的?」他馬上回敬道:「我很高興你也喜歡,不過是誰幫你讀的?」

急中生智,柔中帶剛,幽默而又不失風度,這是擺脫窘境的最好辦法。不要為你受到傷害而自尋煩惱,不要怨別人老是對自己不友好。其實,有些人是故意使你難堪,因為他們覺得你是他的對頭,或者是想對你冒犯過他進行報復;還有人是以開這類玩笑為樂趣,他們不考慮也不知道你是否受到傷害。所以對於這些人,沒有必要去一一計較。

魅力表達:

一位著名心理學家說過:「沒有必要去追究一個人的所作所為是否別有用心。」很有可能他們壓根沒有意識到你會受到傷害,所以當你向他指出後,相信他們對你不會不友好了。

5. 幽默與語言的刪繁就簡法

幽默大師不僅有幽默的語言,還輔以幽默的行動,這樣能產生更理想的效果。據說,幽默作家馬克‧吐溫等二十多人去參加道奇夫人的家宴時,宴會間出現了亂哄哄一齊講話的場面。馬克‧吐溫不願大吼一聲破壞氣氛,便想了個辦法,

Day10　幽默，一笑解千愁

開始向鄰座的一位太太講故事，故意把聲音放得很低，以吸引別人來聽。大家不知道他在做什麼，十分好奇，結果一個個地停止了說話，很快會場就靜下來了。馬克‧吐溫採用的這種幽默的方法比叫喊的效果好多了。

林肯也是這樣一個幽默大師。有一次，林肯作為被告律師出庭。原告律師將一個簡單的論據翻來覆去地陳述了兩個多小時，聽眾都聽不耐煩了。待到林肯進行辯護時，只見他走上講臺，先把外衣脫下放在桌上，然後拿起玻璃杯喝了口水，接著又重新穿上外衣，然後又喝水，一句話也不說，這樣的動作重複了五六次，逗得大家前俯後仰。林肯的幽默表演，實際是對原告律師最好嘲弄。這也為他辯護的成功奠定了基礎。當然，幽默表現也不能過度。許多時候，還可能要用自嘲來解圍，但不要嘲笑人。幽默語言尤其要精練，不能有太多的瑣碎的詞語，要刪繁就簡，點到為止以免影響理解和欣賞效果。要讓人們明白自己想法的含義，不要引起誤解。

所以說真正的幽默是詼諧而不失度，滑稽而不粗俗，精練而不繁冗。

許多善於使用幽默的人，他們把窘迫的情境恢復原狀，往往是易如反掌，這實在令人羨慕。例如有個議員發表演講，正當大家都傾耳靜聽時，突然座中有一個聽眾的椅子腿折斷了，跌了一跤。

在這種場合，往往會分散聽眾的注意力，而降低演講的

效果。但是議員馬上急中生智,想出一個辦法來挽回這種頹勢,他緊接著椅子腿的折斷聲,大聲說:「諸位,現在都相信我說的理由足以壓倒一切異議聲了嗎?」

有一次,戈巴契夫為了準時趕到會場,要求司機開快車。司機擔心他的安全,又怕違規,只好婉轉謝絕。戈巴契夫急了,命令司機與他調換位置,然後親自開車,疾馳如飛,片刻,車被交警攔住。警官命令警員將違規者扣留。警員到車前查詢,然後向警官回報說,坐車的是一位要人,不好究辦。

「那人是誰?」警官很不滿意地問。

「我說不準,警官。」警員面露難色地說,「不過,戈巴契夫總統是他的司機。」

魅力表達:

在這種場合,還有比這位警員更巧妙的回答嗎?有趣,有趣。

6. 巧用情趣拆合字詞

有人把幽默藝術索性稱為「語言的藝術」,這是有一定道理的。因為日常生活中我們所看到的幽默十之八九都和語言本身的靈活運用有關。要是離開了語言,幽默的世界將會變

Day10　幽默，一笑解千愁

成一個「無聲的世界」，那該是件多麼令人遺憾的事啊！

語言之所以能夠促成幽默，不外乎幾個特點：一是它往往有一語多義、一義多語的情況；二是語言中音同字不同、字同音不同的情況。諳熟幽默技巧的人往往抓住語言的上述特點，或是變換場合，或是強作扭曲，引人聯想，從而產生幽默詼諧的情趣。

字詞拆合幽默術與此有所不同，它雖然也是語言幽默的一種，但它是從語言的組合和結構特點入手，並兼用上面我們提到的語言的其他兩個特點，以個別字、詞的拆離或組合為手段造成歧義，從而構成幽默的技巧。

一位朋友對我講起過丈夫與她之間的一次爭吵。她對我說：

他有很多優點，但有一個特別大的毛病，那就是懶。讓他做點事的時候，他總是滿臉痛苦的樣子。

有一天，我實在對此忍無可忍了，於是開始質問他：「你到底是懶，還是毛病？如果是懶，從今天起必須分擔一部分家務；如果有病，我寧願侍候你一輩子！」

他笑嘻嘻地回答了兩個字：「懶病。」

丈夫不願做家務，引得妻子滿腹牢騷，終於決心給他「最後抉擇」的考驗。看上去兩人之間劍拔弩張，非大鬧一場不可，但丈夫卻靈機一動，幽他一默，巧妙地化解一場口舌之爭。

第二步 口才實況大作戰

丈夫斷章取義,從妻子所提出的前後兩條「建議」中分別抽出了兩個字:「懶」和「病」,使其意義與原來截然不同了。

按常規處理辦法,面對妻子二者必居其一的要求,許多人為了挽回「一家之長」的「面子」,一定要跟妻子爭個上下輸贏來。但這是一種最不可取的做法,常言說得好,「家不是講理的地方」,的確,在家庭中應該講愛,講夫妻之間的體貼和關心。另外一些稍微明智一些的人立即會察言觀色,作出妥協,以換得夫妻感情上的融洽。

但最上策則莫過於上面提到的那位丈夫了,「懶病」二字道出一種令人無可奈何的狡黠,讓火冒三丈的妻子一下子火氣全無了,這樣不是更進一步增強了夫妻之間的友好和默契嗎?

上面這位朋友的丈夫採用的就是典型的字詞拆合的幽默技巧。在運用中,拆未必一定要和合連繫在一起進行,「一步到位」的簡單的拆離同樣可以造成幽默的效果。

魅力表達:

字詞拆合幽默術的運用是對一個人應變能力、文化素養等綜合因素的一種考驗,故具有較高的難度,羅馬不是一日造成的,只要我們能不斷地從生

活和書籍的海洋裡汲取知識，就一定會在看似平淡無奇的一字一詞中發掘出幽默的智慧！

7. 拉近距離，借題開場

借題開場幽默術是藉助自己前面的人的某句話或周圍的某個事物作為話題，透過超常的發揮，從而開始你的講話的一種幽默技巧，俗話說：「萬事開頭難」，說話自然也不例外。特別是當你被要求演講時，當你路遇自己喜愛的異性，想打破僵局時，怎樣開講，總是一件很棘手的事，甚至是很難為情的事。不過，真正遇到這種情況，你不必緊張。靜下心來想一想，有沒有可藉助的話題，周圍的事物，比如天氣、衣著、長相、姓名、動物等有沒有可藉助的話題。借題開場幽默術就是幫你解決這種困難的，它要求你克服怯懦、找準話題、荒誕發揮。克服怯懦、急中生智是知識準備。荒誕發揮，產生幽默是最終的目的。一般情況下，當你的幽默效果出來了，聽眾發笑了，你的心理距離就與對方縮短了。這樣，再轉入正題，聽眾就會對你感興趣，放鬆心情，集中注意力去聽，所以接下來你的講話就會順當多了。

例如胡老師有一次被邀請到外地一所大學去講學。至於怎樣開講，胡老師心裡也沒譜，如果按照常規的開講：「老師們、同學們：大家午安！很高興來到你們⋯⋯」也未嘗不可。剛巧，

第二步　口才實況大作戰

聽到主持人介紹：「下面就請胡老師來向大家作報告。」胡老師靈機一動，拿過話筒，接著說道：「我不是來為諸君作報告的，我是來『胡說』的。」話音剛落，聽眾大笑。這個開場白既巧妙地介紹了自己，又展現了演講者謙遜的修養。而且活躍了場上氣氛，溝通了演講者與聽眾的心理，一石三鳥，堪稱一絕。

胡老師的幽默在於巧借自己姓氏和主持人的介紹作題，反其意而用之，「胡說」一詞作為點睛之詞，幽默效果自然而出，那麼，我們再看看臺灣藝人凌峰是怎樣巧妙開場，介紹自己的：

1990年中國中央電視臺邀請臺灣影視藝術家凌峰先生參加春節聯歡晚會。當時，許多觀眾對他還很陌生，可是他說完那妙不可言的開場白後，一下子就被觀眾認同並受到了熱烈歡迎。他說：「在下凌峰，我和文章不同。雖然我們都獲得過『金鐘獎』和最佳男歌星稱號，但我以長相難看而出名……一般來說，女觀眾對我的印象不太好，她們認為我是人比黃花瘦，臉比煤炭黑。」這一番話戲而不謔，妙趣橫生，令觀眾捧腹大笑。這段開場白給人們留下了非常坦誠、風趣、幽默的良好印象。不久，在「金話筒」之夜文藝晚會上，只見他滿臉含笑地對觀眾說：「很高興見到你們，很不幸又見到了我。」觀眾報以熱烈掌聲。

凌峰使觀眾由陌生到熟悉，由熟悉到喜歡基本上要歸功於他那幽默的開場白，藉助自己的長相，不惜自嘲。但又自嘲得很有分寸，很有水準。自抑而不自賤，明貶而實為暗

揚。也許有的朋友會說，人家凌峰是名人，我們學不了。其實不是那回事，在他前後兩次巧妙的開場白之前，他為我們所知道嗎？況且，我們也有自己的生活經歷，到處可以有隨手拈來的素材。讀者朋友不如找來些例子揣摩揣摩。

> **魅力表達：**
>
> 總之，借題開場幽默術的關鍵在於找準話題後，展開想像的翅膀，利用諧音、修辭等各種手法，往荒唐、虛幻的地方想，千萬別死心眼，傻乎乎，越是勇於「調皮搗蛋」，越是善於「胡說八道」，越是逗人喜愛。

8. 逆序漸進的語言

在以前對幽默技巧的分析當中，我們曾經指出過人類的思維與現實的不一致性。那就是說，有些事情儘管現實生活中絕無發生的可能，但在邏輯的推理上卻是很容易做到的。如果忽視了現實與思維的這種區別，就可能鬧出笑話，這樣也就與幽默的王國更加靠近了一步。

逆序推理幽默術就是指置現實中的事實於不顧，而單從邏輯思維本身入手，逆序而推以得出結論來否定現實的幽默技巧。

第二步　口才實況大作戰

這種幽默術的目的還是在於透過謬論與現實本身之間的對比來營造幽默氣氛，自圓其說，擺脫困境。

某地方每年一度的徵兵工作正在緊鑼密鼓地進行著。一位五十多歲的老人也想去碰碰運氣，他來到新兵報名處。

「您的年齡？……」工作人員對他的意圖大惑不解。

「我五十二歲了。」老人輕快地回答。

「可是，按照徵兵的相關規定，你已經超過合適的年齡了。」工作人員解釋道。

「嗯！我當然知道，可是你們難道不需要人當軍官嗎？」老人反問道。

老人的行為本身是不合情理的，但是他卻善於見縫插針，「沒理找理」。他那種無理的要求是建立在這樣一種逆向推理的基礎之上的：年輕人是被徵去當普通士兵的，軍官一般來說都是由年齡比較高的人來充當的，我自己年紀挺高，所以有權報名參加。

事實上老人的推理不嚴密，得出的結論也是錯誤，但他的幽默之外正在於他試圖以似是而非的「道理」去駁斥現實中的事物，以虛駁實，所以不禁令人發笑。

我的一位同學參加完晚會誤了公車，只好攔了一輛計程車回家。

二十分鐘後計程車把他平安送到了自己所住的那條巷子裡。

Day10　幽默，一笑解千愁

當他很滿意地對司機的服務表示感謝並準備付錢時，這才發現了一個問題：價目上打出了 350 元的數目，而自己身上只剩下兩張 100 元了！

「朋友，有個問題需要您來回答。」我朋友不無風趣地對司機說：「我犯了個小小的錯誤……要麼勞駕您把我載回原本的地方；要麼您稍等我上樓拿錢下來 —— 兩種辦法你更喜歡選擇哪一種呢？」

那位司機當時笑得半天沒喘過氣來……

像我朋友遇到的這種尷尬情況有時處理不當真教人大傷面子，進退兩難。與其直來直去道地出事情原委，我看還不如像朋友那樣靈活處理。生活不應當總是平淡無奇的，讓生活變得生動、充滿歡笑，這就是幽默藝術的生命力和主旨所在。

掌握逆序推理幽默的核心在於：一是順勢逆推，得出顯而易見的謬論；二是利用謬論與現實兩者之間一虛一實的強烈反差來產生幽默效果，引人發笑，自我解圍。

魅力表達：

有一個現象需要大家注意的：幽默的男子一般都不愁找不到老婆，你信嗎？ —— 不信也得信。

第二步　口才實況大作戰

9. 一線眾珠，出語不凡

為了達到說服人的目的，我們往往喜歡採用羅列材料和證據的證明方法，而且容易取得輝煌的「戰果」。那麼，在幽默的王國中，我們是否也可以採用類似的技巧呢？當然可以，我們在下面要向大家推薦的這種一線眾珠幽默術就是證明。一線眾珠幽默術是指為了做到說明自己、說服別人而針對自己所論述的主題羅列出一系列有關的理由，同時也引出幽默效果的幽默技巧。

一線眾珠幽默術的特點就在於，儘管羅列出一大堆結構類似甚至相同的論據，但它們都是圍繞著某個特定問題的。眾線串眾珠不算幽默，一線串一珠更平淡無奇，只有一線串眾珠才能夠稱得上是幽默藝術。

同事負責教育學院入學考試的面試部分，當他詢問一個考生：「為什麼你要選擇教師這個職業」時，一位考生回答說：「我小時候曾立志長大後要做偉人的妻子。但現在，我知道我能做偉人妻子的機會實在渺茫，所以又改變主意，決定做偉人的老師。」

這位女生的回答博得在場人員一片掌聲，結果她被錄取了。

坦誠地講，如果面臨這種場合我一定會大談一番，也許有許多人會與我採取同樣的思維方式和講話方式。但實際證明，這不是一種最明智的做法，結果是有時你甚至會失敗得很慘！

Day10　幽默，一笑解千愁

　　這位考生的明智之處就在於打破了常規思維的表達模式，以幽默取得對方的好感，以真實感受去勝人一籌。她用的就是用「偉人」這個範疇來貫穿前後自己所立志向的「眾珠」的。一線眾珠幽默術，既表達清楚了自己的中心意圖，又出語精緻、新穎、不落陳套，因而是成功的幽默語言。

　　一位朋友在一家公司工作兩年了，但近來他又動了考研究生的念頭。於是一下子變得惜時如金，全身心投入書海裡。

　　為了避免打擾，他在電話中預錄了各種託辭，最後為了不誤「正事」，他還略加一點說明，全話如下：

　　「嗨，您好，我是大衛。如果您是電信公司，我已繳了費，如果您是我爸我媽，請寄錢來；如果您是我朋友，請您還欠我的錢；如果您是為經濟資助來的，您還沒給足我的貸款；如果您是位小姐，請留個口信……別擔心，我有的是錢。」

　　朋友一方面想躲開令自己不快的打擾，一方面又怕耽擱了「正事」於是藉故取捨，企圖以幽默的方式達到自己的目的。

　　在他的論述中，錢的問題是「線」，種種打擾是「眾珠」，儘管醉翁之意不在酒，朋友還是將種種託辭在「錢」的名義下連綴了起來，這樣就構成了「一線眾珠」的思維模式。

　　可以這樣說，一線眾珠既是一種論辯技巧，同時也是一

種幽默技巧。一線眾珠幽默術的掌握和運用首先要找出能夠把主題貫串起來的那一條「線」,「線」找得準與不準,對與不對直接關係到幽默的成功與否。另外,貫串主題的這條「線」往往並不直接是自己所要論證的對象。也就是說,為了達到說服他人,引出幽默效果的雙重目的,無論是「一線」還是「眾珠」都只是手段而已。

魅力表達:

生活中有的是伐和誅,讓你穿穿你還嫌麻煩嗎?

10. 邏輯對立,自相矛盾

自相矛盾幽默術就是透過言語或行為前後不一,言行之間相互牴觸,造成邏輯上相互矛盾的一種幽默技巧。

自相矛盾幽默術是一種重要的幽默技巧和常用的幽默手法,常常能產生強烈、鮮明的幽默效果。它一般適用於相互之間關係融洽、彼此信賴的熟人之間,例如朋友、夫妻、師生、上下級、同事等等。由於相互熟悉,彼此了解,對方往往能原諒你的「搞笑」,經得起你的笑話,理解你的幽默。

對於那些開不起玩笑的人千萬不可使用這種幽默術,以免他信以為真。不能理解你的玩笑,心存芥蒂,反而搞得雙方都

Day10　幽默，一笑解千愁

不愉快。陌生人之間，就更不用說了，不知道對方脾氣，就貿然行事，即使對方很開朗，也會由於太唐突而接受不了。

大家都知道自相矛盾的故事，講話不能自相矛盾，言行不能自相矛盾。這是雙方思維得以順利進行的起碼的邏輯常識。但如果有意識地運用這種邏輯上的前後對立，卻能產生幽默的趣味。因為這種不通的邏輯能帶給人們一種意外，它能推動人們去思索這意外的內因，待明白真相後，往往會為這種故意的「自陷泥淖」而感到可笑。所以自相矛盾幽默術能產生很有哲理性的幽默。

平時在求職、求學期間，可以用一些隱性的自相矛盾幽默術讓對方明白你的真實想法，尤其是一些敏感話題。所謂隱性的，就是表面看不出自相矛盾，但仔細一想就可以看到其隱藏的真實相法。也就是句子的表義真義相對立。當你求職時，面試官如果問你對薪水的要求時，你不妨這樣回答：「我不在乎錢的多寡，我看重的是我的工作能力有所值。」瞧，多麼「冠冕」的話，前面說不在乎錢的多寡，後面說看重自己的工作物有所值，但物有所值靠什麼展現，不過是薪水多少！錢的多寡！

所以它其實是一個自相矛盾的話，表面上卻能給人「敬業」的精神感動！

在人際交往中，一般人都有這種感受：越是生疏的，越是彬彬有禮，而越是關係親暱，越是可以開可怕而荒誕的玩笑。

261

第二步　口才實況大作戰

由於這類玩笑的自我矛盾性和非攻擊性,因而十分風趣可笑。

自相矛盾幽默術的關鍵是要造成一種意義上的對立,從而產生邏輯上的牴觸。它其實是一種「輕喜劇」式的幽默,不論是隱性的,還是顯性的;不論是諷喻他人的,還是自我展現的,都能給你帶來舒暢的笑意。

反話正說幽默術是用肯定語氣表達否定意義的一種幽默。

也許大家記得前美國國務卿馬德琳・歐布萊特上任前的一則幽默。當時,柯林頓想讓她出任美國駐聯合國大使。這職務要求必須會說法語。歐布萊特會講多種語言,且才幹非凡,柯林頓認為她是最佳人選。可是歐布萊特對此職務並不熱衷,她感興趣的是國務卿的寶座。於是當柯林頓就準備任命她為駐聯合國大使的想法徵詢她的意見時,歐布萊特微微一笑,風趣地說:「我是會說法語。」

反話正說幽默術適用於許多場合,例如求職、求學、告白、尋找幫助、打發客人等。「我能勝任那個工作」比「我不能勝任這個工作」強,「你會成為詩人,因為我看過你的畫」比「你的畫畫得太醜」中聽。反話正說的幽默就是依靠具體的語言環境,把反面的意思隱含在正面肯定的話語中,使對方由字面的含義悟及其反面的本意,從而避免尷尬,產生幽默。

> 魅力表達：

比如說告白，坦率地說「我愛妳」，當然也無可非議，但若換成「妳為何如此霸道，天天晚上都跑我夢裡來？」或許更能獲得小姐芳心。

11. 透過正話反說產生幽默

朋友好久不見，突然見面，發現他變胖了。你可以這樣調侃：「你越來越來漂亮了！」這帶點戲謔性的幽默似乎不太難。如果換成正話反說：「啊！你怎麼越來越苗條了！」幽默的表達令你的朋友嗔怪地笑起來。

從字面上講，這似乎荒誕不經，但從深層次上理解，它傳達出另一層意思，雖不明言，卻瞭然於心。二者一對照，反差很強烈，諧趣就形成了。

還有一種是反話正說，表面是肯定，實際是否定，形褒實貶，形成大起大落的語言變化，透示出詼諧之樂趣。

這些方法被廣泛運用於相聲、小品之中。中國有一篇名為〈擠車的訣竅〉的諷刺小品，正經八百地說著反話：

朋友，你可知北京乘車之難？⋯⋯上下班乘車都成了一門學問。

第二步　口才實況大作戰

　　先說上車,車來時,上策為「搶位」──猶如球場上的搶點。精確計算位置,讓車門正好停在身邊,可先據要津之利。當然,必須頂住!此中訣竅是:上身傾向來車方向。穩住下身,千萬莫被隨車來的人流沖走。中策則貼邊。外行才正對車門,弄得擁來晃去,上不了車,枉費心力。北京人不同於外地人,哈爾濱人上車是「能者為王」,上海人多少會顧及顏面,但動輒大呼小叫,使你無心戀戰。

　　北京人又想講點風格又想早點上車,但絕不會在車門前上車。最好的辦法是貼住車廂,裝出一副泰然自若的樣子,一點一點地把「無根基」者拱開。只要一抓住車門,你就贏了。老北京都精於此道,所以售票員洗車,從來毋須擦車門兩邊──那全是老北京的功勞。下策呢,可稱為「搭掛」,將足類嵌入車門(萬勿先進腦袋),而後緊靠車門,往裡「鼓擁」,只要司機關不上車門,他就得讓你上車。

　　這裡反話正說,表面教人不守秩序,實際是諷刺不守秩序之士。由於這些以肯定語氣講的話是明顯荒謬的,因而才是可笑的。

　　生活中,很多人善用此法諷刺醜惡,鞭撻罪行。中國劇作家宗福先《於無聲處》中的一個角色,在評價他不以為然的人物時說:「我告訴您了,根據報紙上官方介紹,他是天底下頭等大好人,渾身上下毫無缺點,連肚臍眼也沒有。」

　　反話一般運用於輕鬆活潑的場景,但在美國,人們甚至

可以從那些嚴肅認真的交通指示牌上發現反話，在美國西海岸一條公路的急轉彎處有一幅標語牌是這樣寫的：

「如果您的汽車會游泳的話，請照直開，不必煞車。」

魅力表達：

提醒人們煞車卻反說成不必煞車，這則反話絕無諷刺嘲弄的意思，只是給人別具一格的警示。

12. 使用錯別字製造幽默

錯字是指用錯的字，別字是指用混的字，使用者一般是知識貧乏者或一時失誤者。這些人如果堂而皇之，打起腫臉充胖子，用起錯別字來臉不改色心不跳，反而儼然學者風範，勢必產生怪異，形成幽默。

從前，有一個縣官不大識字，這天坐堂問案，師爺遞給他條子，上寫了三個人的姓名，一個是原告郁工來，一個是被告齊卞丟，一個是證人新釜。

縣官看了郁工來的姓名，喊道：「都上來！」

三人聽到「都上來」，急忙都跑到堂前聽審。

縣官生氣地說：「我是喊原告，你們做什麼一起上來？」接著，他看了齊卞丟的姓名，又喊：「齊下去！」

第二步　口才實況大作戰

三人聽說「齊下去」，都急忙退到堂下。

縣官更生氣了，說：「我喊被告，你們幹嘛一齊下去？」師爺聽了，知道縣官讀了別字，但又不敢直說，因此故意說：「原告姓名，另有一種唸法：叫郁工來，不叫『都上來』；被告姓名，也另有一種說法，叫齊下丟，不叫『齊下去』。」縣官說：「那個證人的姓名，另一種唸法叫什麼呢？」

師爺道：「叫新釜。」

縣官說：「我就知道他還有一個唸法，要不然，我就喊他『親爹』了。」

縣官斗大的字認不了幾筐，還故裝文雅，結果錯字疊出，產生笑話。

一家副食品店門口，服務員剛在牌子上寫完「現在另售」四字，旁邊一位顧客說：「零售的『零』，你寫的是別字。」服務員瞪了他一說：「得了吧，『別』字還有個立刀旁呢？」

服務員錯用文字不懂裝懂，令人好笑。

魅力表達：

孔老夫子早就跟我們說過：「知之為知之，不知為不知」，但有些人就是不聽，大概他從沒讀到這句話吧，此小節中舉的是反例，不過我們可以有意藉錯別字來製造幽默。

13. 巧用同音異義詞幽默

巧用同音異義詞,充滿調笑又常含隱喻,可發人雅興,令人捧腹。這是一種典型的戲弄、調笑言辭。

清朝智辯家紀曉嵐和和坤當然分別擔任侍郎和尚書,有次兩人同席,和坤見一狗在桌下啃骨頭,問紀曉嵐:「是狼(侍郎)是狗?」

紀曉嵐馬上回答:「垂尾是狼,上豎(尚書)是狗。」

說實在的,兩人都在罵人,但都深藏不露,謔而有度。特別是紀曉嵐,急中生智,巧用諧音,以眼還眼,以牙還牙,令人稱快。

無獨有偶,在狗啃骨頭上做文章的蘇東坡也有一絕。

這天,蘇東坡與友人承天寺和尚參蓼泛舟赤壁,見一狗在河灘上啃肯頭,馬上靈機一動,說:「狗啃河上(和尚)骨。」

參蓼一聽,覺得話中有話,馬上回敬一句:「水流東坡詩(屍)。」

兩人聽罷都哈哈大笑。因為,表面聽來,是吟詩寫實,頌揚風雅,實際是相互戲弄,相互嘲笑。

生活中,很多場合由於同音詞或是聽不明白的,或是理解錯誤,無意中套上了另外一個同音異義詞,由此引出笑

話。如下例：

顧客：「請問這裡有巴金的《家》嗎？」

同時，也可透過諧音構成對比產生幽默。

清朝末年，李鴻章有個遠房親戚，不學無術卻參加科舉考試，試卷到手，不能成文。焦急之餘，想在試卷上寫上「我是當朝中堂大人李鴻章之親戚。」他因不會寫「戚」字，竟寫成「我是李中堂之親妻。」主考官閱後，批道：「所以我不敢取（娶）。」

由於主考官取考生的「取」與「娶」同音，就把兩件風馬牛不相及的事扯到了一起。也正是這聲音的巧，讓人感到妙不可言。

魅力表達：

由「親戚」變「親妻」，不學無術之人要引以為戒啊！

14. 他山之石，可以攻玉

「他山之石，可以攻玉」，引石攻玉幽默術就是借用另外的人或物，透過類比、誇張、擬物（人）等各種手法，擺脫當前的困難，藉以創造強烈幽默的一種應對技巧。

Day10　幽默，一笑解千愁

引石攻玉，用談判語言來說，叫「引起競爭」，是談判者可資運用、行之有效的基本謀略。作為一種幽默技巧，引石攻玉，不一定要引起競爭，只要能用引來的「石」將「玉」攻開，就已達到目的。它的幽默展現在攻「玉」的方式及借用的「石」上。而所借用的「石」一般決定你的運用方式。因此運用引石攻玉幽默術的關鍵是選好自己所需的「石」。

生活中都有這樣的經驗，引石攻石，以玉攻玉，不但效果不佳，而且還會導致正面衝突，產生惡化，心理對抗，毫無一點幽默性可言。如果引石攻玉，借用他人（或物）給對方鮮明的攻擊，不但可以巧妙地擺脫困境，避免正面衝突，而且也會產生強烈的幽默情趣。

例如：一位顧客走入美容品商店，問那位禿頭肥胖的老闆：「你這裡的美容霜真的能使人永保青春嗎？」老闆眉頭一皺，拉過旁邊年輕的小姐，大聲說：「媽，她居然懷疑我們的美容效果，讓她看看妳的皮膚。」

這位老闆運用了就是引石為攻玉的幽默術。借用旁邊售貨員小姐，透過誇張荒誕的方法，向她喊「媽」，回答了那位顧客的疑問。「石」是旁邊年輕的售貨員小姐，「玉」是那位顧客。運用引石攻玉幽默術，這位禿頭老闆既迴避了和顧客的正面爭論，又巧妙地推銷了自己的產品。它的幽默性就在於這種運用方式的誇張、荒謬性。售貨員小姐本來是很年輕

的，年齡也肯定比老闆小，可是禿頭的中年老闆居然向她喊「媽」，把她的年齡反而提升到自己之上。而她的皮膚沒有隨之「提升」，虛假的年齡與真實的皮膚形成了巨大的反差，幽默風趣便從這種巨大的反面效應、荒謬和誇張中躍然紙上。

還有一則例子，更從前後對比中說明了引石攻玉幽默術的妙處和它的可笑性：

李先生是一家公司的業務總經理，工作很繁忙。每天深夜他回家時，他妻子和一歲半的兒子早已進入了夢鄉。

有天晚上，他把鑰匙忘在了辦公室裡，所以到了家門口的他只得按門鈴叫妻子，可是過了好久都沒有動靜。李先生只好走到二樓臥室的窗戶下，大聲喊叫妻子的名字，但還是喊不醒。最後，他沉思了一會，然後學著小孩子的腔調說道：「媽媽，我要尿尿！」儘管他說得很輕，妻子還是馬上就醒了。在看清楚樓下的人確實是自己的丈夫時，她才下樓把門打開。

門鈴叫不醒，喊聲喊不醒，一聲小孩似的「撒尿」聲，卻把妻子「澆」醒了。這就是引石攻玉幽默術的妙處。借用小孩的要求撒尿的腔調，使妻子為自己開了門。各種直接的方法均不能將妻子叫醒，而一句平淡的小孩子的夜間常用的話卻使妻子帶來笑聲的同時，也啟示人們在生活中最平凡的東西也是最容易忽略的東西，而這些東西往往會給你帶來意外的幫助，甚至成為你信手拈來的幽默素材。

引石攻玉幽默術必須有一個引來的「石」作為創造幽默的「工具」，有了巧妙的「工具」再輔以各種荒誕的方法，在笨拙、荒謬中歪打正著，攻玉為開。引石攻玉的幽默就呈現出來，所以引石以後常用的方法是攻玉，即使成功也不是幽默。只有巧攻，妙攻，才能讓人在苦惱之餘發出舒心的笑聲。

魅力表達：

你發現「他山之石」嗎？你會以「他山之石」「攻玉」嗎？如果會，那麼，你的生活中還愁沒有笑聲嗎？

15. 量體裁衣，製造風趣

量體裁衣幽默術，是指當遇到他人不正當的要求或詰難時，借用其思維模式或語言結構上的有關特點去反駁對方。

量體裁衣幽默術的特點在於明知謬誤而不直接揭露，而是照貓畫虎，使對方哭笑不能。所以該幽默術運用的一個前提條件是對方論點的荒謬性，自己將這種荒謬作為一種前提接受下來，並推出新的結論，施之於對方，令其自作自受。

一個吝嗇鬼的公司老闆叫祕書幫他買酒卻不給他錢。

「先生，沒有錢怎麼買酒？」

第二步　口才實況大作戰

老闆說：「用錢去買酒，這是誰都能辦得到的，但如果不花錢買到酒，那才是有能力的人。」

一會，祕書提著空瓶子回來了。老闆十分惱火，責罵道：「你讓我喝什麼？」

祕書不慌不忙地回答說：「先生，從有酒的瓶中喝到酒，這是誰都能辦得到的，但如果能從空瓶裡喝到酒，那才是真正有能耐的人呢！」

買酒需要錢，這是誰都明白的道理，可是老闆卻故意刁難祕書，給他難堪。事實上，不用錢又想「買」到酒本身已說不通，更不用說它到底能否作為判斷一個人有沒能力的標準了。照常規的做法，很多人可能礙於情面，打掉牙往肚子裡吞，自認倒楣；有些人則可能要跟老闆講一番沒錢何以能買酒的道理。其實兩種方法都不如祕書所採用的那種方法來得明智機巧、詼諧有趣，這就是量體裁衣法。

祕書依照了對方的思維模式，即用某種絕不可能達到的要求可以考驗出一個人的「能耐」來，並將它與老闆喝酒這件事結合起來，形成一個新的結論，即：有酒喝酒不算有能耐，沒有酒而能喝酒才算真正有能耐。當然，這也是一個謬論，但由於它是根據老闆本人的荒唐邏輯推理出來的，所以老闆不能對它矢口否認。

這樣就輪到老闆難堪了！

Day10　幽默，一笑解千愁

有一位享譽甚廣的作家出身於木匠家庭，但他對此並不隱諱。

有次碰見一紈褲子弟，後者對他十分嫉妒，高聲問道：

「對不起，請問閣下的父親是不是木匠？」

「是的。」作家回答。

「那為什麼沒把你培養成木匠？」

作家略加思索，笑著問道：

「對不起，那閣下的父親想必是紳士了？」

「是的！」對方高傲地回答。

「那他怎麼沒有把你培養成紳士呢？」

按照紈褲子弟的邏輯，什麼樣的父親應該培養出什麼樣的兒子，這顯然是一個謬論。作家敏銳地抓住了他這個錯誤，卻不加正面揭露而是量體裁衣，如法炮製，使其太阿倒持，碰一鼻子灰。

魅力表達：

一般說來，量體裁衣幽默術比一般幽默技巧富於論辯色彩，有時甚至具有很強的攻擊性，因而在使用過程中有一個「分寸」的拿捏問題，若在以牙還牙，以眼還眼的同時，更能緩和雙方關係，便符合幽默藝術的宗旨了。

16. 同詞反解，鮮明對比

同詞不僅可以活解、異解，且可「反解」，對比鮮明，引人入勝。

同詞反解幽默術就是對變化方式相同的詞或字根據情況需要作出意義直接相反的解釋，以達到自我解脫，說服對方的幽默技巧。

同詞反解與我們所熟悉的一語雙關有相同之處，它們的區別在於：一語雙關是用不同的意思來泛泛地引開話題，出人所料；同詞反解的特點在於針對同一字詞所作兩種解釋在意義上針鋒相對，相互矛盾。所以可以說同詞異解幽默術是一語雙關術的一種特殊例子。

傑里在路上遇到幾個月前為他主持婚禮儀式的牧師。

傑里問牧師：「在舉行婚禮的時候，您不是代表上帝宣布，我和我的妻子的一切煩惱都到頭了嗎？可是我現在正煩惱得很哪！」

「對，我是這樣說過。」牧師不慌不忙地回答：「煩惱有開始的一頭，還有消失的一頭；當時我可沒說明你們是到了哪一頭。」

按道理來說，結婚儀式上牧師講話充其量只是對一對新人的良好祝福而已。至於他們在婚後的生活中能否幸福如意，則直接取決於自己。夫妻關係處理得不如意，傑里反過

Day10　幽默，一笑解千愁

來質問牧師，這無異於無理取鬧，苛求於人。牧師對此看在眼裡，明在心裡，卻沒有予以反唇相譏。

他抓住傑里詰問中「到頭」這個詞巧作解釋，駁倒對方。「到頭」這個詞可以作兩種意義完全相反的解釋：一是苦盡甘來，至於究竟採用何種解釋，則要視具體情況而定。牧師表示自己當初並沒有確定地宣布傑里是苦盡甘來，言外之意是很明顯的：自己不能對傑里婚後生活的不幸福承擔責任。其實這是用幽默的方式告訴對方一個人生道理：婚姻的幸福只有靠自己的努力才能把握，上帝和牧師是不能幫助自己的。

一位婦女正在醫院待產。

劇烈的陣痛來得越來越頻繁了，這位婦女痛苦地向護理師說：「小姐，最難過的時候是不是馬上就要過去了？」

「親愛的，在妳出院以後的十八年，才是最難過的時候呢！」護理師小姐回答說。

這位婦女問話的本來意思是說自己的疼痛是不是會早些結束，顯然是想從護理師小姐那裡得到一些安慰。護理師小姐不是按常規方式給予對方以口頭上的鼓勵。因為，如果那樣做倒很可能適得其反。她巧妙抓住對方問話中的「難過」二字進行發揮，幫助對方減輕痛苦。「難過」一詞可作兩解，一是指人在肉體上的痛苦，比較具體；二是指較廣泛意義上包括精神痛苦，肉體痛苦在內的複雜感受。在不同的場合下，兩者各有其強調的內容。

就是透過這種巧妙的同詞異解,護理師小姐不僅道出一個為人母者在撫育子女的長期過程中的含辛茹苦,另外也活躍了氣氛,給痛苦中的產婦帶來了一縷歡笑。

魅力表達:

同詞反解幽默術關鍵在於巧妙抓住詞與具體環境下的相關性,這樣才能自然得體,妙趣橫生!

17. 反覆無常出爾反爾

首尾兩端,自食其言,保持之,誰能奈我何!是為「出爾反爾」。一般意義下的「出爾反爾」一詞是指人做事或說話反覆無常,不講信義或者自食其言。沒有人會樂於同一個以出爾反爾為能事的人推心相交,這是很自然的道理。

但在幽默王國中則與此有所不同,有意思的是恰恰相反,幽默語言中的「出爾反爾」非但不會遭到人們的冷眼,這還能有助於我們化解矛盾,擺脫困境,增添生活的樂趣呢!出爾反爾幽默術就是當一個人說話、做事不慎,被他人抓住「辮子」時,馬上對自己的行為進行否認,並找出其他藉口來開脫自己的幽默技巧。

出爾反爾幽默術的特點在於面對自己所犯的差錯「勇於

Day10　幽默，一笑解千愁

否認」，並巧找藉口，造成幽默氛圍。

這一點是與我們所熟悉的將錯就錯，順水推舟等各種幽默技巧有所不同的。

狄更斯有一次到一條小河邊釣魚，一個陌生人走到跟前問他：「怎麼，你是在釣魚嗎，我的朋友？」

「是啊，釣了半天也不見一條魚。」狄更斯漫不經心地回答，一動也不動。

「但你怎不問問我是什麼人呢，我的朋友？我的職業是檢察官！你難道不曉得這裡是不准釣魚的嗎？」陌生人嚷了起來，並要罰狄更斯的款。

狄更斯不慌不忙地站起來，微笑著對著那人說：「你不能罰我的款，你怎麼不問我是誰？我是作家狄更斯，像你有自己職業一樣，我的特長是虛構故事。」

狄更斯違反規定在禁漁區釣魚，而且還鬼使神差地自己承認了，誰料到對方「真人不露相」，一口咬定作家應受懲罰。在生活中我們也不乏類似經歷，我們會怎樣去應付這令人大傷腦筋的事喲？許多人可能會立即低頭認錯，乖乖地將罰款交上，說好聽的都怕來不及呢，哪裡還敢巧辯！另外一種人則可能會自恃有所依賴，跟對方硬對硬地計較上一番。

平心而論，違章罰款雖然是天下通理，但上述兩種做法都不算是盡善盡美。我們看這位大作家是怎麼出爾反爾，機

第二步　口才實況大作戰

智巧辯的。他顯然是利用了自己的特殊身分——大名鼎鼎的作家——來巧做文章的：否認了自己所說的是事實，因為「我的特長是虛構故事」。這樣就等於推翻了自己的論述，從而使落在對方手中的把柄像空氣一樣不可思索，自己虎口脫險，對方痛失「口實」，不禁要哈哈大笑一番！

出爾反爾幽默術往往還可以使使用者反客為主，變被動為主動，不僅文飾了自己的過失同時以咄咄逼人之勢倒打一耙，叫對方一時反應不過來，略思之後，才驚呼中計，然已悔之晚矣！

小李走在街上，看見前面有個很像他的朋友，上前重重拍了一下他的肩膀，才發現自己認錯了。

「對不起，我以為你是我的朋友老王。」小李不好意思地說。

「即使我是老王，你也不該拍得那麼重呀！」那人摸著生疼的肩膀咕噥道。

「豈有此理，我重重拍老王一下，跟你有什麼相干呢！」小李不服氣地回嘴。

小李因為誤會錯拍了對方，連忙道歉，這本身並無幽默之處，幽默之處就在於他巧借了對方的一聲埋怨當前，出爾反爾，首鼠兩端地質問對方，形成與常理的強烈反差。實際上，小李事先承認自己拍錯人了，但聽到對方的抱怨之後便轉口否認了這點，所以他最終反而聲稱自己拍的是老王，而不是別人，這就是出爾反爾了。當然，小李的詭計在於概念

上的玩弄遊戲,事實則是無法否認的。

小李的出爾反爾不僅不會引起對方生厭,反而會使這場誤會在一場歡笑中冰釋,幽默的力量真是神奇而偉大!

魅力表達:

如果我們能將「出爾反爾」運用於幽默,而將幽默揉合於我們的生活,人生的苦惱不是會減少許多嗎?

18. 風趣自然集錦妙語

(1) 時刻表的用途

火車站擠滿了要回家的旅客,一列又一列的火車不是誤點,就是被取消。一位旅客生氣地對車站服務員說:「我不明白鐵路部門何苦費事印時刻表呢?」

服務員說:「我也不知道。不過,要是當真不印時刻表的話,你就無法說出火車究竟誤點多少了,對嗎?」

(2) 稱呼

女郎:「車夫,請送我到火車站!」

計程車司機:「妳怎麼叫我車夫?」

第二步　口才實況大作戰

女郎:「那些趕馬的叫馬夫,你是開車的不叫車夫叫什麼?」

司機:「照妳這樣說,如果我是記帳的或是打仗的,妳不就叫我『丈』夫了嗎?」

女郎一時語塞。

(3) 請勿抽菸

「先生,請不要在店裡抽菸。」

「那你們店裡幹嘛要賣菸?」

「我們這裡還賣尿布呢!」

(4) 你怎麼辦

有一次,一位警官(甲)發現一位商店經理(乙)犯有嚴重的違法行為,為了教育其本人迷途知返,他不露聲色地發起了一場心理戰:

甲:假如你家裡養了一隻貓,只會偷魚吃肉睡懶覺,從不抓老鼠,還常打破碗盤,你怎麼辦?

乙:把牠趕出門去。

甲:假如你商店裡有個售貨員遲到早退,不負責任,短斤缺兩,還把商品偷回家去,你怎麼辦?

乙:開除他。

甲：假如他的經理知情不報，還與他暗中勾結，偷賣商品，中飽私囊，索賄受賄，你怎麼辦？

乙：這⋯⋯

(5)第一次打針

患者：「護理師小姐，我很緊張，我這是第一次打針。」

護理師：「不用緊張，我也是第一次打針。」

(6)剛好滿十歲

「老闆先生，我在貴店買這隻金絲雀時，你曾說這種鳥能活十年，可是，我買回去的第三天，牠就死了⋯⋯」

「先生，可能您買回去的第三天，牠剛好滿十歲吧。」

(7)還是殺人好

有一人大談輪迴報應說，警告人們不要輕易殺生，凡是殺一牛一豬，來生便做牛和豬，所以，哪怕螞蟻之類亦要仁慈對待。當時有一作家反駁說：「那最好是殺人。」眾人問為什麼？他回答說：「按這種說法，哪怕來生報應也還是在做人呀！」

(8)經理制服賴帳女郎

一位穿著華貴的女郎在一家高級餐廳吃完飯後，對餐廳經理說她把錢包忘記帶上了。

「沒關係，賒帳好了。」餐廳經理平靜地說：「我相信妳，

但是為了預防遺忘,請將妳的姓名和欠款記在黑板上。」

「那樣誰都可以看見我的名字了,多丟人。」

「不必擔心。」經理說,「妳的皮大衣可以把黑板遮住的。」

女郎無奈,只好乖乖地付錢離去。

(9) 母雞下蛋

一位作家對廚師說:「你沒有從事過寫作,因此你無權對我的作品提出批評。」

「豈有此理。」廚師反駁道:「我這輩子沒有下過一顆蛋,可是能嘗出炒蛋的味道。母雞能嗎?」

(10) 秤秤您的兒子

一個婦女怒氣沖沖地走進一家商店,責問售貨員說,她的兒子在這家商店買了一磅果醬,可是分量很不夠。售貨員沒有強詞相辯,只有輕鬆地回答說:「太太,請您回家秤秤您的兒子吧。」

(11) 討價還價

商店裡來了位顧客,他要為老母親買一個血壓計作為生日賀禮,但覺得價格有點高,便和老闆討價還價。

老闆抓住他買「壽禮」這點,說:「送老人的東西哪能專挑便宜的,關鍵是要有孝心。」

顧客馬上答道：「確實重要的是孝心，但如果我以這個高價買回去，她老人家的血壓可能也降不下來了。」

老闆聽後莞爾一笑，生意終以八折成交。

(12) 不敢加倍侮辱

某餐廳服務員有意向顧客索取小費，顧客給了她幾塊錢。她不滿地說：「只給幾塊錢的小費，簡直是在侮辱人嘛！」

客人問：「那麼我應給妳多少才好呢？」

服務員：「起碼一兩百元才是。」

顧客揶揄道：「實在對不起，我怎敢加倍侮辱妳呢？」

(13) 半斤八兩

一個被指控酒後開車並被判拘留一週的司機在法官面前申訴說：

「我只是喝了些酒，並沒有像指控書上說的那樣喝醉了。」

法官一聽微微一笑，說：「正因為如此，我們才沒有判處你監禁七天，而只拘留你一星期。」

(14) 鳥有佛性

一位姓崔的相公在寺廟裡看見鳥雀在佛像頭上拉屎，便故意問這個寺廟裡的大師：

「這些鳥雀有佛性嗎？」

第二步　口才實況大作戰

這位大師根據佛學基本原則,肯定地說:「有佛性。」

於是這位崔相公緊緊抓住這一點繼續發問:「既然這些鳥雀有佛性,為什麼還在佛像上拉屎?」

這個問題提得非常尖銳。

大師鎮定自若地回答:「牠們為什麼不在老鷹頭上拉屎?」

(15)從容作假

一家餐館以「鴨全席」馳名歐美,一位旅遊者慕名而至。

服務員上菜時,每端來一盤菜總要解釋:「這是鴨翅」,「這是鴨胸」,「這是鴨腿」……得意之色,溢於言表。

最後一道菜端上來了,旅遊者看出那是一盤雞,便問:「這是什麼?」

「鴨—」服務員只尷尬片刻,從容作答:「是鴨的朋友。」

(16)難以從命

愛發牢騷的老頭布朗先生老是抱怨他的髮型,憤憤地指責他的理髮師。一次剛理完髮,他說:

「我要我的頭髮從中間分開。」

「我不能這樣做,先生。」理髮師說。

「為什麼?」布朗先生咆哮道。

「因為您的頭髮是奇數的,先生。」

(17) 無理的抱怨

兩人在吃飯，只有一碟菜：兩條魚，一大一小。一位先生先把大的那條魚夾了，另外一個勃然大怒。

「多沒規矩！」這人叫道。

「什麼事啊？」他的朋友覺得奇怪。

「你吃掉那條大魚了。」

「假如你是我又怎麼樣？」

「我當然夾那條小的。」

「那好哇，你抱怨什麼呢？那條小魚還在那裡呢！」

(18) 經驗之談

有些人總愛自以為是，凡是別人跟自己看法或做法不一致，不管別人是否有理，往往喜歡「詛咒」幾句。有次，一位自以為是的人輕蔑地對一位年輕人說：「你這樣子，遲早要倒楣！」青年不客氣地反駁他說：「你怎麼知道？是經驗談嗎？」

(19) 誰的臉皮厚

一位小姐貶損一位先生說：「你的鬍子一定是世界上最鋒利的，它居然能在你的臉皮上破皮而出。」

先生回答說：「小姐，恐怕我難以跟妳相比，就連尖銳、鋒利的鬍子也無法鑽破妳的臉皮。」

第二步　口才實況大作戰

(20)魚小眼睛大

有個人很吝嗇,一天招待客人,自己吃大魚卻給客人吃小魚,還不小心把大魚的眼睛弄到小魚的盤子裡,客人一看就明白了,故意問:

「你有這魚種嗎?我要帶回去培養一點。」

主人連忙說:「這種小魚有什麼好的。」

客人笑道:「魚雖小,難得這雙大眼睛。」

(21)豬尾巴不長

甲說:「豬糞離莊稼近,便於莊稼吸收,莊稼肯定愛長。」

乙說:「讓你這麼說,應該莊稼種到豬圈,一定更愛長!」

甲說:「你這是不講理!」

乙說:「怎麼不講理?你不是說離糞近莊稼愛長嗎?」

這時,一位農夫湊過去說:「我看你們誰說得也不對,豬尾巴離豬糞最近,沒見過豬尾巴長得多長……」

(22)上帝說的

一個牧師聽說一位年老的教徒虔誠地信仰上帝,就想出一個主意,要占老頭的便宜。一天早晨,他趕著自己的大車,來到老頭的小屋前,說道:

「昨天夜晚,上帝在夢裡告訴我,要我來這裡拉玉米。」

老頭手持長槍走出門說:「你說得對。可是上帝改變主意,今天黎明時,他在夢中告訴我,不要讓你拉走我的玉米。」

(23) 驢找朋友

從前有位智者騎著驢,到某城去找法官。法官見了他,就大聲招呼道:「歡迎你們兩位一同光臨!」

面對出口不恭的法官,智者答道:「我的驢叫個沒完,看樣子是要找牠的朋友,我就決定帶牠來找您了。」

(24) 村婦斥惡少

有個公子少爺外出遊玩,見一年輕美貌的村婦在木橋旁淘米,便心生邪念。於是湊到跟前,嬉皮笑臉地說:「有木便有橋,無木也念喬;去木添個女,添女便為嬌;阿嬌休避我,我最愛阿嬌。」說罷,眼睛直勾勾地盯著村婦的胸前,淫蕩地笑著。

村婦聽了這些挑逗言詞,非常生氣,回敬道:「有米便為糧,無米也念良,去米添個女,添女便為娘,老娘雖有子,子不敬老娘。」

那位花花公子沾花不成反碰上了刺,灰溜溜地轉身便走。

(25)「秀」與「禿」

蘇州太湖龜山有個叫天靈的和尚,博學通古。有一個秀才有意嘲弄他,特地問:「禿驢的禿字如何寫?」這個和尚回答道:「把秀才的秀字屁股略去彎彎再掉轉就是。」

第二步　口才實況大作戰

(26) 頭有幾斤

有個地主在年終時問長工:「我的頭有幾斤?如果答不出來,就扣發一年的薪資。」

「你的頭正好是兩斤七兩!」

地主臉色一變:「不對,是兩斤八兩!」

長工拿著刀和秤說:「你的頭就是兩斤七兩,一點不多,一點不少。不信就砍下來秤一下。」說著舉起刀準備往地主的脖子上砍去。

地主趕緊說:「別砍,別砍!是兩斤七兩。」

(27) 詛咒

有個漂亮女人嫁給一個醜陋的男人。當這個女人懷孕時,她對丈夫抱怨道:「要是孩子像你,你實在該被詛咒。」

丈夫回答說:「要是孩子不像我,妳才該被詛咒呢!」

(28) 夫妻對白

有一次,市長和夫人去視察建築工地,一個頭戴安全帽的工人衝著市長夫人叫喊起來:

「夫人,還記得我嗎?讀高中時我們常常約會呢!」

事後,市長揶揄地說:「妳嫁給我算妳運氣好,本來該是建築工人的老婆,而不是市長夫人。」

夫人反唇相譏：「你應該慶幸和我結了婚，要不然，市長就該他當了。」

(29) 嫁給希特勒

有一年，香港選美進入決賽階段。主持人向參賽的楊小姐提了一個問題：

「假如要你在兩個人中選擇一個作為妳的終生伴侶，你會選擇誰呢？這兩個人，一個是波蘭大音樂家蕭邦，一個是德國法西斯領袖希特勒！」

「希特勒。」楊小姐毫無猶豫地回答。

「為什麼？」主持人追問。

「我希望自己能感化希特勒。如果我嫁給希特勒，肯定不會讓他發動第二次世界大戰！」

魅力表達：

生活猶如大海，幽默就是浪花，你還能說生活中缺乏幽默嗎？

國家圖書館出版品預行編目資料

正話反說！「口才心理學」讓每一句都精準打擊：克服恐懼 × 花式吐槽 × 誘導說服 × 培養幽默感，用最輕鬆的語言化解每個尷尬的瞬間 / 劉燁, 劉惠丞 編著. -- 第一版. -- 臺北市：財經錢線文化事業有限公司, 2024.10
面；　公分
POD 版
ISBN 978-626-408-029-3(平裝)
1.CST: 口才 2.CST: 說話藝術 3.CST: 人際傳播
192.32　　　　　　113015005

電子書購買

爽讀 APP

正話反說！「口才心理學」讓每一句都精準打擊：克服恐懼 × 花式吐槽 × 誘導說服 × 培養幽默感，用最輕鬆的語言化解每個尷尬的瞬間

臉書

編　　著：劉燁，劉惠丞
發 行 人：黃振庭
出 版 者：財經錢線文化事業有限公司
發 行 者：財經錢線文化事業有限公司
E - m a i l：sonbookservice@gmail.com
粉 絲 頁：https://www.facebook.com/sonbookss/
網　　址：https://sonbook.net/
地　　址：台北市中正區重慶南路一段 61 號 8 樓
8F., No.61, Sec. 1, Chongqing S. Rd., Zhongzheng Dist., Taipei City 100, Taiwan
電　　話：(02) 2370-3310　　傳　　真：(02) 2388-1990
印　　刷：京峯數位服務有限公司
律師顧問：廣華律師事務所 張珮琦律師

-版權聲明

本書版權為作者所有授權崧博出版事業有限公司獨家發行電子書及繁體書繁體字版。
若有其他相關權利及授權需求請與本公司聯繫。
未經書面許可，不得複製、發行。

定　　價：375 元
發行日期：2024 年 10 月第一版
◎本書以 POD 印製
Design Assets from Freepik.com